JN056051

引きこもりで
ポンコツだった私が
女子プロレスの
アイコンになるまで
岩谷麻優
彩図社
撮影：大川昇
WORLD OF
STARDOM
CHAMPION
STARDOM

CHAMPION
GODDESS OF THE FIGHT WORLD

KONAMI
西
WEST
stardom

A-3
IMAYU
ファイター
渡辺桃
HAYASHISHITA
UTAMI

ROH
G1
SUPERCARD
WACKY
CHAMPION

引きこもりでポンコツだった私が
女子プロレスのアイコンになるまで

岩谷麻優

彩図社

はじめに

チャンピオンベルトを巻いて、多くの人から送られる祝福の声。

プロレスの殿堂と言われているアメリカ・ニューヨークのマディソン・スクエア・ガーデンのリングから見上げた2階席まで満員のお客さん。

4万人の視線を浴びながらリングに立った東京ドームの風景。

プロレス業界の錚々たるメンバーのみなさんに囲まれて立った『プロレス大賞受賞式』の壇上から見える、これまた業界の錚々(そうそう)たる面々のみなさん……。

この1年でこれらのシーンに私がいることは確かなことなんだけど、とても不思議に思うし、想像もできなかったことです。それはファンのみなさんもそうでしょうし、関係者の方々も「あいつが?」と思われていることでしょう。だけど、一番信じられないのは私、岩谷麻優なのです。だって、10年前の私の目に映っていたのは、いつも同じ部屋の中の光景だったから。

私は、いわゆる引きこもりでした。

2年間にわたる引きこもり生活で、いつも自分を否定して、いつも自分で自分を追い詰めていた16歳の私。何度も何度も、もう自分の家から外に出ることはないだろうな〜って思っていました。そして紆余曲折を経て、9年前に女子プロレスラーとしてデビューしても全然勝てなくて、数年間は「ポンコツ」と呼ばれていました。

そんな私が……だから、信じられないんです。

みなさん、こんばんは〜っ！　朝でも昼でもこんばんは〜っ！（↑これ、私の定番挨拶です。気にしないでください）

〝女子プロレスのアイコン〟ことスターダムの女子プロレスラーの岩谷麻優です！

このたび、私が本を出すことになりました！

これも誰もが想像しなかったことでしょうし、私自身が誰よりも信じられていません！

きっかけは彩図社さんから2019年1月に発売された本（『【実録】昭和・平成女子プロレス秘史』）に私があとがきを書かせていただいたことです。

その本の発売記念イベントに参加させてもらったとき、編集の権田さんに「私も本を出したいです」って言ったんです。ぶっちゃけ冗談半分でした。お話しするにもとくに話題がなかったので（ごめんなさい）。

ところが、その話があっという間にまとまってしまいました。

困りました。

だって、私、文章を書くの苦手なんですよ。

小川さんの本のあとがきを3ページ分書くのにも数日かかったほどです（笑）。いや、笑いごとじゃないぞ……と思いつつも、小川さんが「俺なんて、あの本の原稿、移動中にスマホで書いたんだぜ」と言って。パソコンを使わない私には少し勇気をもらえた言葉です。

今回、構成担当をしてくださった入江さんも「岩谷さんはTwitter、やってますよね。あれを500回くらい、つぶやく感じで大丈夫ですよ」と言われ……もしかしたら、なんとかなるのでは？　そう思い始めました。まぁ、このアドバイスがいかに無責任なものだったかは後々、わかりますが……。

こんな感じで少しずつ、頑張ってみようと思い始めて……同時に私なりに伝えたいことも出てきました。

まず、スターダムのこと。

気が付けば一期生としてデビューして9年間、ずっと所属しているのは私一人です。私なりに見てきたスターダムのことを書きたいなぁって。結果的には完成までに1年近くかかってしまいましたが、これはこれで良かったとも思っています。なぜなら、この1年で私自身も、スターダムも、目まぐるしく変わったし、そこにみなさんの知りたいこともあるんじゃないかって。じゃあ、いろんなことをひっくるめて全部、書いちゃえ！　そう決めました。

あとは……ある意味で私自身を語るのに欠かせない引きこもりのこと。そして、ポンコツ呼ばわりされながらも、ずっとプロレスを続けてきたこと。そのことを書くことで、読んだ方の中に、何かが生まれればいいなと思いました。

もちろん、せっかくの本ですからヘビーなことを書くつもりもないですし、手に取ったみなさんが楽しく読んでくれれば麻優も嬉しいです！

まずは私がプロレスラー、岩谷麻優になる前のこと。小さいころの話から始めましょう。

引きこもりでポンコツだった私が
女子プロレスのアイコンになるまで　目次

第一章　プロレスラー以前の岩谷麻優

パン屋さんを夢見る元気な女の子

まずは子どものころの話を書かんと……ということで、1993年2月19日に私は山口県の中央部にある美祢（みね）市で岩谷家の二男一女の長女として生まれました。

まず、私の誕生日について。

なんと！　私の誕生日は『プロレスの日』（編集部注：1954年2月19日に力道山・木村政彦vsシャープ兄弟という初の国際的なプロレスの試合が開催されたことに由来）なんですよ！　いや〜、運命感じています！　生まれた時点でプロレスに縁があったのかも、と思ったりもします。まぁ、単なる偶然ですし、プロレスに出会うのは、もっと後の話ですけどね。

私の生まれた美祢市は……一言で表すと超田舎でした。

今はそれなりに拓（ひら）けていますけど、私が生まれ育った当時は山の中で本当に何もなかったんですよ！　地図を見てみると、美祢市は山口県の自治体で唯一、海に面していないところで。だから、山が多くて、故郷には申しわけないけど、とにかく何もなかった印象です。だって、自宅からコンビニまで歩いて40分もかかるほどでしたから。その道にも街灯がなくて、夜は真っ暗だった記憶があります。家の周りは山の中で木と田んぼばかりで、駅も無人駅だったんです。しかも電車は2時間に1本……。それほどの田舎でした。

当時の家族構成は父と母、6歳年上の兄と3歳年上の兄。小学校1年生のときに家を建てたと同時に祖父母も一緒に住み始めました。物心ついたときにはパパっ子で、父にいつも遊びに連れていってもらっていた記憶があります。

子どものころの写真を改めて見てみると驚いてしまうのは、私、天然パーマだったんですよ。それも「アフロか!」って思うほどのクリンクリン加減で。たぶん、2歳ごろに撮られた写真だと思うんですけど、それを後で見て、母に「これ、誰や?」って聞いたら「アンタや」って言われて驚いたほどですから。今の岩谷麻優の面影はほとんどないですねぇ。

そんな子どものころから変わっていないのがネコが好きだったこと! 兄がしょっちゅうネコを拾ってきて育てていたので、常にネコと一緒の生活でしたね。そこからネコ派で、ネコ4匹、イヌ1匹と暮らしている今を予感させてるかも。

あと好きだったのがパン! 焼きたてのパンの香りって幸せになれますよね? とくにメロンパンが好きで毎日のように食べていました。だから、子どものころの夢ってパン屋さんになることだったんです。毎日、メロンパンを食べられるんじゃないかと思って(笑)。私、今もそうなんですけど、ハマったら毎日、同じものを食べても飽きないんですよ。だからメロンパン目当てでパン屋さんになりたかったんです。それが最初の将来の夢でした。

トラウマになった『ブランコ事件』

性格的には、思い返してみると、ずっとやんちゃでした。

幼稚園のころから外遊びが好きで、思い出に残っているのは『ブランコ事件』！

子どものころってブランコから飛び降りる遊びをしますよね？　どれだけ遠くへ飛べるかってやつです。私が通っていた幼稚園の周囲は田んぼだらけで、園庭のブランコの背後にも田んぼがありました（それだけ田舎なんです！）。そのブランコで遊んでいたら、どこで、どのようにタイミングを間違ったのかわからないんですけど、なぜか後方へ飛んでしまって、田んぼに真っ逆さまに墜落するという……。

それでもケガをしなかったのは、「無茶な受け身をとってもゾンビみたいに立ち上がってくる岩谷麻優」という今の自分を予感させるものじゃないかと思っています（笑）。

そうそう、こういう自分のことを語る本って、やっぱり、初恋やファーストキスの話を書いたほうが盛り上がりますよね？

まぁ、盛り上がらなくても書くけん。私の初恋もファーストキスも幼稚園のときです！　上田君という男の子で、幼稚園にブロック玩具で作った大きな家があったんですけど、その中で

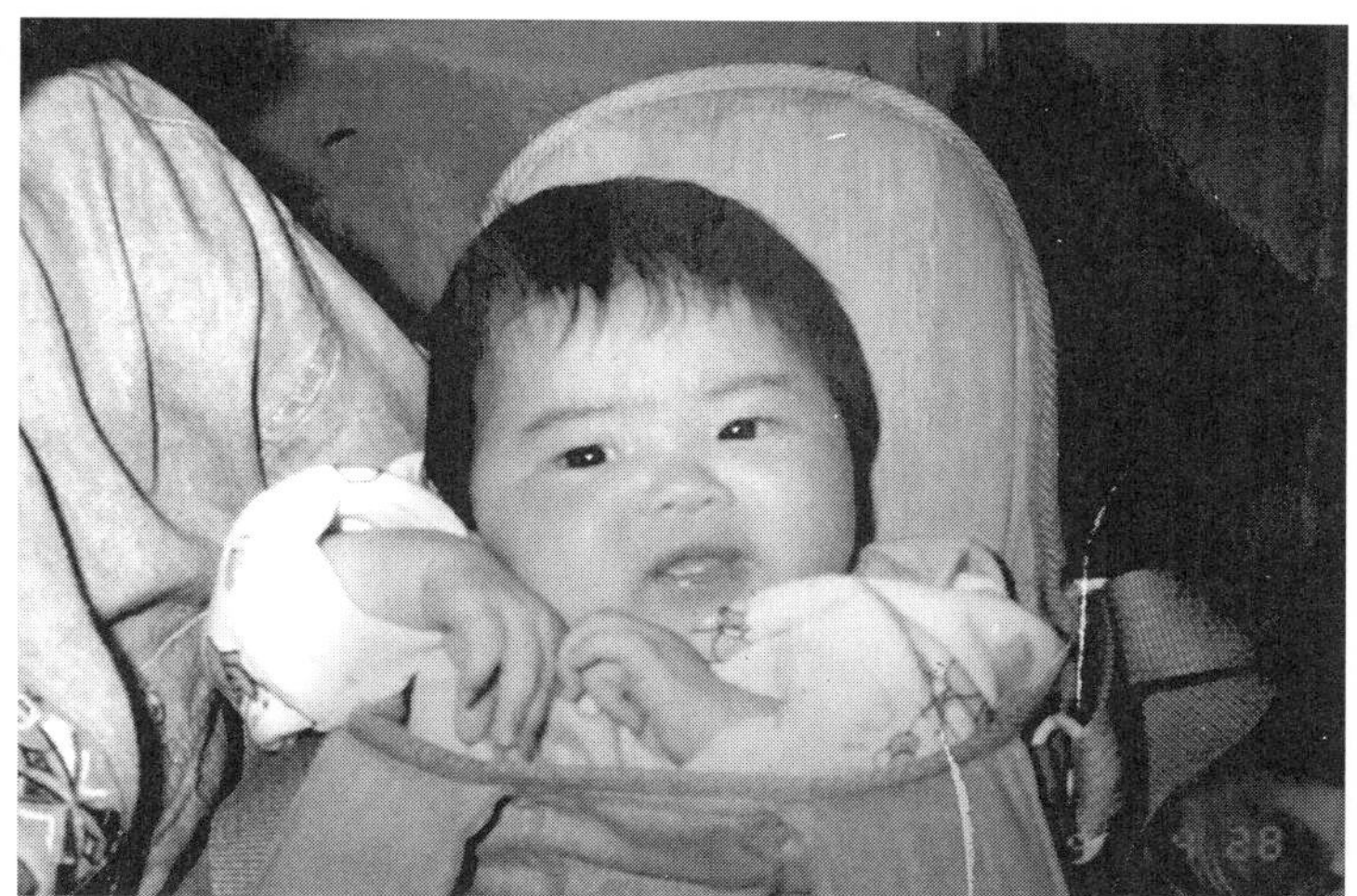

1歳になるか、ならないかというぐらいのころ

幼稚園に通っていたころ。今の岩谷麻優の面影がはっきり見て取れる。

「ずっと好きだよ」って言われて、チュッって……。

あ～、今、書いていても恥ずかしいわ！　って、いうか、私、かなりマセてたんですね。でも、私もずっと好きでしたよ、彼のこと。それが初恋で、以降の恋愛話は……後々披露します。

両親の離婚と父の病気

小学生になってもやんちゃな性格は同じままでした。

そんな私にショックなことが起こります。小学校3年生のときに両親が離婚したんです。

私は母親についていくことになりましたが、パパっ子だっただけに、かなりショックで……。だけど、しばらくの間、父も同じ町内に住んでいたので、会えるには会えていました。

でも、小学校6年生のときのこと。町の夏祭りがあって、会場で父に会って、たしか大きな飴玉を買ってもらったんですよ。それが父の元気な姿を見た最後でした。

父はその翌日に、体調を崩して倒れてしまったんです。かなり危険な状態だったみたいです。

それでも命を取り留めて今はリハビリ施設で療養に励んでいて。私も時間があるときには会いにいっています。リハビリで楽器を弾いたりしているんですけど、一緒に演奏したりして、そのときはパパっ子に戻っています、気持ち的に。

母は……後述しますが、私の反抗期やプロレス入りの際にいろいろあったけど、今は応援してくれているんじゃないかな。

母は今でもガラケーを使っているんですよ。だから、私の記事が載っているプロレスの情報サイトとか、ニュースサイトを見ることができないらしくて。だから、私の情報は彼氏に教えてもらっているみたいです。

そうです、私のSNSなどに時折、登場する前田さんです。

SNS上では親しみを込めて、あえて〝母の彼氏の前田〟と呼び捨てにしていますが、私の近況を母に教えてくださって本当は感謝しています。ただねぇ……麻優のライバルだった花月(かげつ)の超ファンなんですよ！　グッズ売り場の行列にも並ぶほどですよ？　それが悔しかったことも多少あって呼び捨てにしたかも（笑）。

信じてもらえない意外なスポーツ歴

身体を動かすことが大好きだったので、小学校に上がるとスポーツを始めました。

夢中になったのはまず、陸上競技！　そして「やってました！」と言っても「それ、嘘やろ！」と言われるけど、柔道をやっていました。たしかに、今の私のファイトスタイルや技からは想像できないかもしれないし、なかなか……いや、絶対に信じてもらえないけど、柔道をやっていたんです！（実は柔道着スタイルでリングに上がったこともあります）

まぁ、習っていたと言っても週に1回、町の道場に通っていただけですけど……。

これは兄の影響です。2人とも柔道をやっていて黒帯だったんです。それがカッコイイなと思って私も……。だから、兄の付き添いみたいな感じでしたね。習い事の一つみたいな感じで、正直なところ、一生懸命ではなかったです。だから帯も下のほうの級のオレンジ色止まりでした。

思えば、お兄ちゃんのやっていることが何でもカッコよく見えたんですね、〝末っ子あるある〟ですけど。だから、お兄ちゃんが高校で弓道部に入ったときは「麻優も弓道やるけん！」って思っていたし。

たぶん、母子家庭になったことで、それまでパパっ子のときにあった「甘えたい」って部分が兄に対してあったんだろうなぁ。かなり影響をうけていますよね、兄たちには。

後の章で詳しく書きますけど、とくに2番目の兄には自分の人生を左右するきっかけを作ってもらったし、2番目の兄がいなかったら今のプロレスラー・岩谷麻優は、ほぼ100パーセント存在していなかったでしょう。

それほど兄の存在は私のターニングポイントになっています。

やんちゃだった中高生時代

中学生になるとかなり、やんちゃでした。

この〝やんちゃ〟の度合いも小学生とは違った意味になって……気付けば、いろいろな意味で目立つ生徒になってました。決して不良ってわけじゃないんですけど、友達とはしゃぎ過ぎて母親が学校に呼ばれることもしばしばで。

思春期で反抗期だった、というのは言い訳になってしまうのは理解していますが、友達とワイワイやるのが楽しくて仕方なかったんですよ。

とくに私の場合、田舎で他に楽しみがないってこともあって、友達とダラダラと話しをするのが、それだけで楽しいっていうか。そのダラダラした時間が長くなると夜遅くまで……となって、朝、起きられず。それに、なんだろ？　今となってはただの理由なき反抗でしかないのだけど、ダラダラするのがなんかカッコイイって思えたんですね。

それで学校も遅刻がちになって、給食の時間に登校することも何度かありましたね。

もちろん、今となっては母に迷惑かけたなぁって思うし、その点に関してはめちゃくちゃ反省してます。だから、その分、これから母親孝行しないといけないなって思いますが……。

そんなノリのまんま高校生になったもので、相変わらずダラダラとしていたんです。

でも、それはそれで楽しかったりしました。

サッカー部のマネージャーになって、練習後に部室に残ってみんなでワイワイ騒いで……、基本的に中学生時代同様おしゃべりばかりですよ。恋バナしたり、夏は怖い話をしたり。田舎過ぎて遊ぶ場所がなかったし、そもそも高校1年生なんでお金を持っているわけではないから、どこかへ遊びにいくこともなく。結果、部室で話をするのが最大の楽しみという……。

だけど、夜遅くまで部室で騒いでいたら、そりゃあ先生も怒りますよね。

それと夜遅くまで学校で騒いでいる、イコール、寝るのが遅くなる。その結果、寝坊しがちな、だらしない生活にもなって……それで、しょっちゅう呼び出しをくらっていたかな。

別に犯罪的な悪さをしているわけではないんですけど、他の生徒よりも目立つ存在だったのかもしれないですね。結局、先生や大人から見ればヤンキーっていうか、不良っていうか、問題児的に思われてたんでしょうね。

高校中退から引きこもり生活に突入

それで結局、高校は中退しちゃうんですよ、1年生のときに。

中学入学したばかりのころの写真。やんちゃ感はまだ薄い。

中学３年生。やんちゃというよりも、活発そうな少女という印象。

同時期に人間関係のもつれもあって。

これは年齢とか関係なく、仲良しになるって信頼関係を築くことじゃないですか？

その友達を「メチャクチャ信じてるよ！」って思っていたとしましょう。

それが、理由はなんであれ、「信じてたのに！」ということが起こると……。

大人になった今だったら相手を気遣えますし、許せることのほうが多いでしょう。

だけど、当時の私は10代特有の感情っていうのかな？　理由もないのにイライラしてたし、いつもなにかモヤモヤしていたってこともあるのだと思う。そういうときに自分が信じていたことと違うことが起こると……う〜ん、書いていてまとまらないです。だけど、そういう気持ちになって、人を信じられなくなって。それに伴って、いろいろな噂をたてられるようになって……。


何度も書いていますが、私が生まれ育った町は小さくて、狭くて。だから噂なんてスグに広まってしまうし、話に尾ひれがついて悪い話になってしまうこともあるんです。

いま思えば、多感な思春期だったから被害妄想みたいなものを抱いて、必要以上に気にしちゃっていたのかもしれません。

でも……外を歩いていたら後ろ指をさされている気がして、他人の視線が「すごく怖いな……」と思うようになりました。

そうなると、次第に「外に出たくないなぁ」と考えるようになって。気が付いたら「あ、今日は一日中、ベッドの上にいたな……」みたいな感じで、次第に自分の部屋に引きこもるようになったんです。

ひとりで悩み苦しんだ2年間

母親はシングルマザーになったこともあって、私たちのために朝から晩まで外で働いていました。不幸中の幸いと言っていいのか、私自身も意識して母を避けていたこともあって、引きこもっていても母とほとんど顔を合わることなく済みました。

兄2人も家で暮らしていましたが、顔を見ると「オマエ、何しているんだよ!」ってすぐに口ゲンカになっちゃうから話をすることがなくなりました。とにかくすべてが負の方向に向かっている感じがしていました。

もちろん、「このままじゃいけない」という気持ちもあるにはあったんです。でも、だらしない生活に慣れ切っていたから、部屋の中にいることがラクでもあるし、何よりも人に会わなくて済む。居心地がいいってやつです。

でも、部屋にいるとやっぱり不安になる。弱気になっているから、「私なんかいなくてもいいよね？」と思っちゃうこともあれば、「何のために生きてるんだろ？」って自分を追い込んで苦しくなっちゃうこともありました。

「いつまでもこのままじゃダメだよね？」って、自分への質問と答えを繰り返す毎日。それを見ている家族はイライラしちゃうし、それで私も「じゃあ、どうすればいいの？」ってパニックになって、もう〝精神的なカオス〟ですよね。そんな生活が2年間ほど続きました。

これまでも自分の引きこもりについては、いろいろなインタビューでお話ししてきました。ほとんどのインタビューで、この引きこもり期間中に「家の外に出たのは3回程度」と答えています。

これ、本当に話を盛っていなくて、実際に自分が記憶しているのは3回だけなんですね、〝家の外〟に出たのは。

自分の部屋を出て、リビングに行ったり、お風呂に入ったりというのは普通にあります。だけど、家の玄関を開けて外に出たのは3回。といっても、どこかに出かけたわけじゃなくて。冬のある日、部屋の窓から外を見たら雪が降っていたんです。それで、ちょっとだけ雪に触れてみたくて、家の外に出てみたんです。

庭に出て空を見上げて「あ、本当に雪だ！」って、それだけです。庭に出ただけで、家の敷地から外に出たわけではなかったんですね。残りの2回もそんな感じで。しかも、自分が記憶している限り、引きこもり期間で空を見たのは、このときだけでしたね。あとは自分の部屋の天井を見つめているだけ……。

この2年間、長かったのか短かったのかは、今となっては……どうなんだろ？

でも、当時としては苦しくて仕方のない日々でしたね。

引きこもり脱出のきっかけは？

今、こうやって改めて10年前の引きこもり時期を振り返ってみると、苦しくなるし、あのときのモヤモヤしたものが胸に迫ってきて、思わず堕(お)ちそうになります。まだまだ弱い自分がいることだってわかっています。それでも、今こうやってプロレスラーとして充実した日々を過ごすことができています。

だからか、ときどき引きこもりのご本人や心配している家族の方に「どうすれば引きこもりから脱出できますか？」なんて、アドバイスのようなものを求められることがあります。

でも、私自身もそうだったけど、めちゃくちゃ苦しいときは他人のアドバイスなんか聞き入れる余裕がないんです。本当に辛いときに「こうしたらいいですよ！」なんて言われても、「アナタは脱出できたからいいけど、私は今、苦しいの！」って思っちゃいますよね。麻優だって、きっとそう思う。だから、エラそうに「こうですよ！」って答えは出せないなぁっていうのが本音です。

ただ「こういうきっかけだったんですよ」ということだけは書けるかな。それで、そのことが何かのきっかけになれば幸いです。

私、岩谷麻優の場合は、どうだったのか？

それある日、突然という感じで〝その瞬間〟が訪れました。

それが、プロレスとの出会いです。

第二章

プロレスとの運命の出会い

テレビ画面から差した一筋の光明

引きこもりが2年目になっても、私の生活は変わりませんでした。

相変わらずダラダラしていて、家族との関係もギスギス……みたいな感じでした。

そんな2009年の、おそらく年末のことだったかな?

リビングでテレビを観ていたら、2番目の兄がきてリモコンでチャンネルを変えたんです。岩谷家には〝テレビチャンネル年上優先権〟みたいなオキテがあったので、お兄ちゃんに選択権があるわけですよ。

私は観たい番組を変えられてイラッとしたのですが……、兄が観ていた番組に一瞬で目が奪われました。その番組というのが、「ドラゴンゲート」のプロレス中継だったんです。

山口県では、たしか月イチくらいでドラゴンゲートさんの試合を中継していたのかな? そのときは金網マッチがメインの大会で（編集部注：おそらく2009年12月27日に開催された福岡国際センター大会の中継と思われる←岩谷注：たぶん、それです!)、それが衝撃的だったんですよ。とくにドラゴン・キッド選手の飛び技が印象的で。

だけど、私、このときに初めてプロレスに触れてよくわかってなかったんで、〝○○レン

岩谷麻優にとっての〝プロレスの伝道者〟だった2番目の兄

ジャー〟みたいなヒーロー番組かと思ったんですね（笑）。

もちろん、プロレスって言葉は知っていたし、四角くロープで囲われたところでやるもんだくらいの知識はありました。だけど、そこで何をするのかは全っ然、わかってなくて。とくにこのときの試合はリングの周囲が金網で囲まれていて、その中で選手が飛びまくっていたから、余計に「特撮番組？」って思ってしまったのかもしれません。

それまでの岩谷麻優の人生には、プロレスの〝プ〟の字もなかったのに……いま思えば不思議だし、運命を感じますよね。だって、これが引きこもり生活からの脱却への第一歩になったのだから。

まさかのドラゴンゲート生観戦

年が明けて2010年。

その前年の年末に観たドラゲーが頭から離れない状況が続いていたところ、2番目の兄が「ドラゲーのチケットあるから、一緒に観に行く？」と誘ってくれたんです。もちろん、「行く！」って即答ですよ。

でも、すぐに「あれっ？」て。だって、私は当時、絶賛引きこもり中の身ですよ。それまで2年間で3回しか家の外（というか庭）に出てないのに、プロレスなんて観に行けるのかって。

試合が行われたのは、山口県下関市にある海峡メッセ下関という会場でした。

引きこもってからの初めての外出、初のプロレス観戦。これが2年間に及ぶ引きこもり生活からの脱却でした。

座席は最前列、しかも入場通路に面した席だったので、選手は間近で見られるし、「あ、この選手の香水、いい匂い！」みたいな（笑）。試合は迫力満点で飛び技もスゴいし、興奮しっぱなしで。あとね、これはいま自分がプロレスラーという立場になって、迷惑な行為だったと反省していますが、入場選手に触って嬉しくてキャーキャー言って（本当に申しわけありません）……もう一気に虜になりました。

グッズも買いまくったし、とくに斎藤了選手のファンになってしまいましたね！　めちゃくちゃ応援して、それで何か自分の目の前が開けたというか……。

今となって思い返してみると、あんなに外に出ることが怖かったはずなのに、プロレスを観に行けたのが不思議なんです。だから、プロレスに対して何かピンとくるものがあったんじゃないかな？

プロレスラーになった自分を妄想

実はこの当時、引きこもり生活も2年目ということもあって、「自分はこのままでいいのかな？」、「いつまでも引きこもっているつもりなの？」って思い始めたころでもありました。今、抱えている不安よりも、将来への不安が大きくなっていた感じです。

そんな状況でのプロレス初観戦は自分の中に少しずつですけど、変化を生んでいきました。まず、夢中になれるものを見つけたこと！　これは大きいです。

そして……、プロレスラーに対して憧れみたいなものが芽生えてきましたね。といってもリングに上がって試合をしてみたいってワケではなく、カッコイイ自分を想像するというか、妄想するというか……。

たとえば、ドラゲーの選手の入場テーマのＣＤを買ったんですけど、ただ聴くだけじゃなくて、「私だったら、この曲で入場して……」とか「コスチュームはこんな感じやろ！」と妄想したり……。いや、今になって思うと恥ずかしくて笑うしかないんですけど、何せ引きこもっていて時間だけはたくさんあったので、本気で妄想していましたからね。と、いうか、当時の私の楽しみは妄想することぐらいしかなかったんです。

少し真面目なことを書くと、引きこもっている自分を肯定するには、ちゃんとした自分っていうのかな？　引きこもりから抜け出して活躍している自分を思い描いて現実逃避するしかなかったんだと思う。思い詰めて、妄想でごまかしていた私を救ってくれたのが、リングでキラキラ輝いていた選手の存在だったんですね。

ただ、そこまで憧れているのに、私、そのときはまだ「プロレスラーになりたい」って思わなかったんですよ。

実はこのころ、そもそも女子プロレスの存在を知らなかったんですね。思えば、当時は私が観られる環境で女子プロレスのテレビ中継があったわけではないし、専門誌も買っていませんでした。だから情報がまったく入ってこなかったんです。

偶然目にした女子プロレスラー募集の記事

さて、初の生観戦後に日に日にドラゴンゲートという団体にハマっていった私ですが、その一方で悶々と引きこもっている日々は変わらず。そんなある日、ドラゴンゲートの所属選手のコラムを読みたくて、プロレス情報サイトに登録したんです。知りたかった選手の情報がたくさん出ていたので、夢中になって読みましたね。

それでそのサイトをくまなく読んでいたら、あるコラムに目が留まったんです。書いていたのは、スターダムの創設者のひとりで、初代ＧＭの風香さんでした。読んでみると「新団体を設立するから女子プロレスラーを募集」と書いてあったんです。なんだろう、直感というやつですかね、「あ、これだ！」みたいな。それで風香さんにコンタクトを取ろうと思ったんです。

ちなみに風香さんの第一印象は……正直あまり良くありませんでした。サイトで写真を見てキレイな人だとは思いましたよ。でも、それ以上にドラゲーの選手と同じ場所で連載していることに嫉妬してしまって、「なんなの、このオンナ！」って（笑）。風香さん、失礼なことを思って本当にごめんなさい！

そして、もう一つ、先に謝っておきますよ！

風香さんのコラムを読んでプロレスラーに興味を持ったのは……風香さんがドラゴンゲートの選手と同じサイトでコラムを担当しているじゃないですか。

だから心のどこかに、「それって、もしかしたら、私がプロレスラーになればドラゲーの選手に会えるんじゃないの?」っていうヨコシマな気持ちが少しありました。

いや、それしかなかったかも。ごめんなさい!

まぁ、これは十代の夢見る乙女のアホな妄想だと許してください……書いていて、すっごく恥ずかしいけど。

「私は女子プロレスラーになる!」

そんな気持ちもありつつ、それから風香さんといろいろとメールでやり取りをするようになります。それは同時に未来の自分を探すことでもありました。

新人募集の告知を見て、正直なところ焦りもあったんですよ。

当時、私は17歳です。高校に通っていたら卒業後の進路を決める時期ですよね。

実際、引きこもり中も付き合いのあった友人から進路の話を聞くと、「私、何をしてるんだろ?」って思えて。高校を中退しているし、資格を持っているわけじゃないし……一言で表現

引きこもり少女を女子プロレスの世界に導いてくれた大恩人の風香さん。
入団後は GM として様々な形でサポートしてくれた。（写真提供：スターダム）

すると絶望しかなかったから。そこで、「ここでやらなきゃ！」という気持ちになったんじゃないかな。

まず最初は「はじめまして。コラムを見ました。女子プロレスラーになりたいです」ってメッセージを送って。本当にそれだけのメッセージでした。自分の素性とか全然書いていないという、本当に失礼な感じで……。

すると、風香さんから速攻で返信がきたんですよ。

「どこに住んでいますか？　練習する道場に通えますか？」的な感じで。

そこで、「私は山口県在住です」ということを明かして、驚かれるという（笑）。

そこから毎日のように風香さんとメールでのやり取りをしました。

風香さんは私のメッセージを一つ一つ真剣に受け止めて、そのときの最善の答えを出してくださって……。私は人間不信だったから、ここまで自分のことを本気で考えてくれる大人がいるってことがわかって、本当に嬉しかったんです。

だから、それもあって決心しました。

「私、絶対、女子プロレスラーになる！」って。

6000円で東京行けますか？

決心したものの、すぐに現実という分厚い壁にぶち当たりました。

それは母を説得することです。

風香さんから返事があってすぐ、勇気を出して母に打ち明けてみました。すぐに認めてくれるとは思っていなかったけど、いきなり「今まで一つのことをやり遂げられなかったオマエが、プロレスラーになれるわけないだろ！」ってキツく言われました。そりゃあ、そうですよね。引きこもって何もしていなかったから説得力ゼロですよ。

そこで私は別の作戦を考えました。

それは同居していた祖父母を味方につけること。

おじいちゃん、おばあちゃんは私にけっこう甘かったんですよ。一家で唯一の女の子の孫ってこともあったし。だから、味方になってくれるかと目論んでいたんですけどね……答えは同じく「オマエにできるはずないだろ！」。しかも、おじいちゃんは「プロレスなんて！」と激怒ですよ。これで引きこもりのときとはまた違った孤独感に陥ってしまったんです。

やっぱ、プロレスラーは諦めるしかないのか……そんな自分の弱い面が日に日に膨らんでいくんですが諦めきれないんです、やっぱり。

じゃあ、どうするんだ？　これは……家出するしかないやろ！　そうなりました。

お金をかき集めると、6000円ありました。

これで、もしかしたら東京へ行けるんじゃないか？　今ならば無謀過ぎて「アホか！」って言いたいけど、このときの私は本気でそう思っていたんです。

というのも、当時の私、それまでほとんど山口県から出たことがなかったんですよ！　行っても中学校の修学旅行で広島県ぐらいで。だから東京までの交通費がわからない。

それで風香さんに「6000円で東京へ行けますかね？」って質問をして。「それは難しいね」って即答されて……呆れて笑うしかないですよね。

普通だったら、ここで終わりですよ。だって十代とはいえ、こんな非常識なヤツと関わりたくないじゃないですか？　だけど……たぶん、私の想像ですけど、応募してきた子が少なかったんじゃないかな？　風香さんが「小川さんに相談してみるね」って。

小川さん……スターダムの創設者であり、初代社長。現エグゼクティブプロデューサーのロッシー小川さんです。

風香さんのコラムには何度も名前が出てきたので、その存在は知っていましたが……。風香さんがこれまでの私とのやり取りを小川さんに説明して、写真を見せて……小川さんの本（『【実録】昭和・平成女子プロレス秘史』彩図社刊）によると「ピンときた！」らしいです。このエピソードに小川さんのセンス、凄さを感じた方もいるでしょうけど……でも、その写真、ピンボケなんですよ！　しかも、自分で明かしますけど、ヨレヨレのパジャマ姿という（苦笑）。

言い訳します。まず、引きこもり生活って外に出る機会がないから、服はパジャマでこと足りてしまうんですよ。写真がピンボケだったのは、当時、ガラケーしかなくて、携帯電話のカメラの画素数が少なかったからです。しかも今のスマホみたいにインカメがあるわけじゃないから、自撮りが難しくって。その結果、〝パジャマ姿の17歳引きこもり少女のピンボケ写真〟というものができるわけです。

普通、プロレスラーになりたいって人の写真は競泳用の水着とか着て、ファイティングポーズをとっていたりするじゃないですか？　でも、どういうわけか……小川さんはその写真にピンときて、なんと、上京する交通費まで出してくださるとのこと。

これで東京行きが決まりました。２０１０年8月のことです。

家出同然の上京

さて、上京できるようになったものの、相変わらず親は説得できていませんでした。

こうなったら、もう本気で家出するしかないなと決心しました。

まず家族に悟られないよう、母が働きに出ている時間を見計らって行動に出ました。そのとき、家にはおばあちゃんがいたのですが「ちょっと友達の家に遊びに行ってくるわ」と言ってアリバイを作って。それらしく見せるために、荷物は最小限に。小さなポシェットみたいなバッグとコンビニ袋だけを持って家を出ました。

全財産の6000円は、上京する前日に「もう山口県には戻ってくることもないけん」って思っていたので、最後の思い出作りに友だちとプリクラを撮って、新山口駅で「これから風香さんと小川さんにお世話になるんやから、土産でも買わんと……」とお土産を買ってしまい……。結果、残金3000円を持ってコンビニ袋で上京するハメになりました。

東京駅に着くと、ホームまで風香さんと小川さんが迎えにきてくださっていました。

ここでおふたりとは初対面です。

向こうもコンビニ袋の家出少女に驚いたでしょうけど、私もこのとき初めて小川さんを見たんです。正直なところ、「このオッサン、誰?」みたいな。風香さんが華奢だったから、その隣に小川さんがいると美女と野獣っていうか、美女と珍獣っていうか……。

同時に「あ、私、このオッサンと一緒に住むんや……」って思いました。

当時はスターダムの設立前ということで、練習生の寮がまだなかったんです。それで小川さんの家に住むということを事前に知らされていたんですが、不思議とそのこと自体には抵抗感はなかったですね。「プロレスラーになるって、そんなもんなんや～」くらいにしか思っていませんでした。

そんな感じで小川さんとの同居生活が始まったわけですが、そのころ、実家のほうは大騒ぎになっていました。

「麻優がいなくなった」と……。気付かれていたんですよね、プロレスラーになるために家出したって。だって、それまで引きこもってたのに、いきなり友達の家に遊びにいくなんてありえないことだし。その少し前から「プロレスラーになりたい」って話していたし、それらの話をまとめたら、母としては「これはプロレスラーになるために出ていった」とわかりますよね。

それで新幹線の中から携帯電話がすごく鳴っていたんです。だけど、ここで出たら負けや……って。ここで母からの電話に出てしまったら山口県に連れ戻されるだろうって。だから、ずっと無視していて。

まぁ、私自身も初めての東京ということで緊張していたし、初日は小川さんとの同居するための日用品の買い出しとかで忙しくて考える余裕がありませんでした。それでも鳴り続ける母からの電話……。それで翌日に電話をするのが恐かったのでメールで「東京にきています」と伝えたら……母から連絡が一切こなくなりました。

ここから数ヶ月、音信不通状態になるんですけど、私もプロレスラーになるんだって希望があったし、正直なところ、母から連絡がないことで練習に集中できるとすら思いました。だけど……練習していたある日、いきなり母からメールが届いたんです。「今、一人でそうめんを食べた。一人で食べても美味しくない」って……。

それを見た瞬間、私、大号泣してしまって。そのとき、初めて「ごめんなさい」っていうか、罪悪感みたいなものがこみ上げてきて……。だからこそ、プロレスラーになるまで帰れないって思いました。

母は今でも「がんばって」とかメールをしてくることはないけど、応援はしてくれているみたいです。

ロッシー小川との共同生活

さて、小川さんとの同居生活ですが……私、今、思うと随分と失礼なことをしていますよ。洗濯物をすべて「お願いします!」って押し付けていたくらい家事は任せっきりで。あと、私、けっこう図々しいところがあって気にしないというか、気にならないというか。だから、練習以外では、ずっと与えられた部屋（小川さんの趣味のプロレスコレクションが飾ってある部屋）にこもって、ひたすら寝ていましたよ。

これって、小川さんのことをよく知らなかったことも幸いしているんですよ。だって、小川

スターダムの初代社長・ロッシー小川。山口から家出同然で上京してきた少女を物心の両面から支えてくれた〝東京の父〟ともいえる存在だ。（写真提供：スターダム）

さんの過去のことを知っていたら緊張したり、「恐いオッサンやな〜（笑）」って思ったりするじゃないですか？

一応、私も生活費を稼ぐために、バイトを始めたんです、某ファストフード店で。日中は練習があるし、まだ未成年だったから早朝のシフトに入ったんですけど……それまで引きこもりのだらしない生活をしていただけに、なかなか朝起きられず。それで遅刻ばかりで、結局、すぐにクビになるという（苦笑）。

結果、生活費は小川さんに全部出していただきました。食事も小川さんが「何を食べたい？」って聞いてくるんですよ、練習生の分際の私に。そんな生活の中で小川さんをズッコケさせたのが『スルメ事件』ですね。

まぁ、事件というほどのものでもないんですけど……。

たしかお正月とかだったのかな？　そういう特別な日だったので、多少良いものをリクエストしていいよって感じで小川さんに食べたいものを聞かれたんです。それで当時、私はスルメが好きだった（今も好きですが……）ので、「スルメ！」って即答したという……。

小川さん、「本当にそんなのでいいの」って感じの顔をしながら買いに行ってくれて。で、私はコンビニとかで売っている、最初から細長く切られて小分けに袋に入っているもののつもりでリクエストしたんですよね。でも、小川さんはイカを丸ごと干したバージョンの大きなスルメを買ってきたという……。そんな状態のスルメ、初めて見たので「どうやって食べるんじゃ、これ？」みたいな空気が流れました（笑）。

結局、小川さんがコンロで炙ってくださったのですが、そんな感じで何から何までお世話になってしまいました。それで私が悪いな～って思っていると、「出世払いでいいから（笑）」って。私、今でこそ、ようやくアイコンとか言われるようになったけど、まだまだ返せてないなぁ～って。それが9年間ずっとスターダムにいる理由の一つでもあるかもしれない。

ロッシー小川の存在とは？

ここで小川さんについて少し書かせていただきます。

小川さんと出会って、そろそろ10年になります。

私、岩谷麻優にとって、〝ロッシー小川〟という人は、すべてにおいて父親のような存在ですよね。いや、ような、ではなく、完全に父ですね。

よく地方出身の人が上京してお世話になると〝東京の父〟みたいな言い方をしますよね？

でも、私は小学校3年生から母子家庭になったこともあって、ずっと身近に父親の存在を感じることができませんでした。そういう私にとって、本当の父親同然の存在なんですよ、小川さんは。

こんな話を小川さんの本のあとがきに書いたんですけど、そのときに冗談半分で「小川さんが死んだらお位牌は麻優が預かります」って書いたら、「おい！」と言いつつ、少し嬉しそうにしていたのが印象的で（笑）。

でも、私にとってそれほど大きな存在ですね。

そうそう、これも小川さんの本に書かれていたことですけど、上京して2日目に『ランニング迷子事件』を起こしました。

小川さんに努力してるんだぞってところを見せたくて、夜、自主的にランニングに行ってきますと家を出たんです。

でも、実際に走ったのはほんの10秒程度で、あとは適当にダラダラ歩いて時間を稼いでいた（これ、時効ってことで許してください）ところ、上京したてで土地勘がないのに加えて、ナチュラルに方向音痴なもので迷子になってしまったという……本当にポンコツでしたね。

女子プロレスラーとして本格始動

そんな感じで小川さんにお世話になりつつ、上京して少し経った2010年8月下旬に他の一期生、つまり、同期に出会いました。

たしか、グラビアアイドルの愛川ゆず季さんがプロレスデビューした『ゆずポン祭』の発表会見の場が顔合わせになったのかな？

ここで（星輝(ほしき)）ありさちゃんや（美闘(びとう)）陽子さん、世Ⅳ虎(よしこ)（現・世志琥）ちゃんに会い、この年の9月7日に『スターダム』の設立を発表して本格的に練習生としての生活が始まったんですけど、これがまったくついていけないわけです。

当然ですよね、2年間、ずっと引きこもっていて運動も何もしていなくて体力なんてあるわけがない！　腕立て伏せも腹筋もまったくできませんでした！

いや、キッパリ書くことではないですけど、本当に体力がゼロでした。

いや、マイナスかもしれない。すぐに過呼吸を起こすし、唇が紫色に変色するし……外の空気を吸っていなきゃダメになって。当時は新木場のファーストリングで練習をしていたのですが、練習中、ほとんど、お客さんが出入りする入り口の横で倒れていましたね。

今、思い返してみるとポンコツなんてものじゃない。もうね、ポンコツ以下ですよ！

ちなみに、このときからありさちゃんは練習をソツなくこなしていて「スゲェ」って思ったし、

陽子さんも空手の経験があるから何でもできて「あ、こりゃかなわんわ」って思わされました。

ただ、風香さんは私が「柔道を6年間やっていた」という話に期待するところもあったんで

しょう。諦めず気長に指導してくださったんですが、結果は……気付けば私は落ちこぼれも落ちこぼれでして。

だから、教えてくださるコーチの中には私のことを辞めさせようとしていた人もいました。

私自身も妄想していた自分とは違う現実を突きつけられて。それでも、やる気だけはみなぎっていて、自分なりに一歩ずつ……やっているつもりでした。

私には帰る場所がない

そんなキツイ練習の支えになったのは、この後に何度も何度も思うことですが、家出同然で上京したために、「私には戻る場所がない」という覚悟みたいなものかも。体力はないけど、意地だけはあるぞって。

そして、何よりも……同期の存在が大き過ぎた！

もちろん、ライバルではあるんだけど、練習終わりにファストフード店でワイワイとお話しするのが本当に楽しくて。高校を中退してから引きこもりになって、同世代の人と話す機会がほとんどなかったから、そういう毎日が新鮮だったというか。

それでいて、陽子さんみたいに少し年上のお姉さんがいて、皆の話をニコニコしながら聞い

2010年9月7日には記者会見を開き、新団体スターダムの旗揚げを発表。練習生・岩谷麻優も前列左で気合の入った表情を見せた。（写真提供：スターダム）

てくれて。高校の部活の延長というか、なんだか居心地の良い空間だったんです。だから、「みんなでがんばっていこう！」って感じで練習もがんばれました。

といっても、スグに体力が向上するわけじゃないし、練習してもなかなか上達しない。でも旗揚げ戦の日程が決まっているので、それに向けて調整していかなくてはならない……。けっこう追い詰められました。

たとえば受け身。

プロレスはこれができないとどうにもなりません。

私の受け身って、今でもそうですけど、独特みたいなんです。

キチンと説明するのは難しいんですけど、女子プロレスには女子プロレスの受け身がありま す。そして、男子プロレスにも男子プロレスならではの受け身があります。

私の場合、女子プロレスを知らずに練習生になったわけです。

見ていたのはドラゴンゲートさんだけ。つまり、男子です。

それで、練習のときに頭の中で「こうだよな～」と思い出すのは、今まで見てきた映像だから、どうしても男子寄りの受け身になってしまうんです。

あとは……私、身体がヒョロヒョロじゃないですか？　だから、どんな技を受けても吹っ飛ばされてしまうんです。今となっては「岩谷麻優って受けっぷりがスゴイ」って言ってもらってますけど、それは結果論で。自分の中ではケガをしないようにと受け身を取っているつもりでしたけど、練習生のときにそんな受け身を取っていたら「コイツ、大丈夫かよ?」って言われても仕方ないことです。

たしかに、コーチする人が教えた受け身が取れていないってことは〝できないヤツ〟でしかないわけで。これもまたポンコツ扱いされる理由になったのでしょう。

涙で受かったプロテスト

そうこうしているうちに旗揚げ戦の2ヶ月前になり、プロテストが開催されました。これに合格しないとプロレスラーとしてデビューできないわけです。

当時のことはあまり覚えていませんが……私、途中からプロテストを泣きながら受けてたんですよ。でも、それが審査した風香さんとかの印象に残ったみたいで、「泣きながらがんばったから」的な理由で合格してしまいました。

まぁ、泣いただけで合格できたとは思っていませんけど、ようやく本当の意味でのスタートラインに立てた……と思ったのが感想です。

そして、これまでの練習が報われたと思うとホッとしたというか。

たぶん、当時の私の精神状況とかを考えると、あそこで合格していなかったらたぶん心が折れていたんじゃないかな。なにをやっても上手くいかないダメな自分に絶望して、プロレスを諦めていたかもしれない。だけど、合格することによって、「よっしゃ！」って踏ん張れたんです。

デビュー戦の相手がついに決定！

ここからは旗揚げ戦に向けてさらに練習が濃くなっていって、バタバタしていたような気がします。技も各選手の個性に合ったものを教えていただき、それを磨いて……という感じになりました。

ちなみに私、岩谷麻優がデビュー時に教えていただいた基本技以外のもので、今でも使っているのは通称『タケコプター』ですね。相手の手をつかんでコーナーを三角飛びの要領で昇って、トップロープに尻もちをついて、その反動で自分も回転しながら相手を投げる技です。

実はこの技は旗揚げ当時、メキシコから留学してきた別の選手が使う予定でした。だけど、その選手が上手くできなくて。

私、それを傍らで見ていて「私、できるんじゃね？」って思って、コーチに「やらせてもら

プロテスト直前に撮られた一枚。晴れの日なのに表情が暗く重い（写真提供：スターダム）

新人時代から愛用している技のひとつ「ヘリコプター」

えませんか？」ってお願いして挑戦してみたんです。

そうしたら、見事にクリアしまして。「じゃあ、岩谷が使ってみたら？」となったんです。

ヘリコプターはだから思い入れがあって、大切な技ですね。……まあ、時折、腕がすっぽ抜けて、回転できずに頭からマットに突き刺さることもありますが、それはご愛嬌ってことで（苦笑）。

そして、コスチュームを作ったり、いろいろな準備をしながら記念すべき『スターダム』の旗揚げ戦を迎えることになります。

デビュー戦の対戦カードも決まりました。同期の星輝ありさとのシングルマッチです。

しかもセミファイナル……って、マジか？　そう思いましたね。だって、デビュー戦でセミファイナルですよ？　しかもシングルマッチで……正直、焦りましたね。

旗揚げ時の『スターダム』は一期生だけではなく、他団体ですでにデビューされた先輩選手も在籍していました。私はてっきり、その選手たちがセミファイナルやメインイベントに起用されるものだと思っていました。

それがセミファイナルに岩谷麻優の名前……不安もありましたが、いよいよデビュー戦が決まって、やっぱりワクワクのほうが大きかったですね。

【特別対談1】

岩谷麻優のすべてを知る女

風香さん（スターダム元GM）×岩谷麻優

撮影：守屋貴章

風香さんは岩谷麻優にとって、プロレス入りのきっかけを作った恩人にして、技術を教えてくれた師匠でもある。そんな風香さんが語る、新人時代の岩谷麻優の恐るべき（？）実態とは!?

とにかく強烈だった岩谷麻優の第一印象

岩谷　風香さん、こんばんはー！　このたび、麻優の本が出ることになったんです！

風香　あの麻優ちゃんが本を……いきなり、しみじみしちゃうよね（笑）。

岩谷　大変な時期（対談時、第二子をご懐妊中）に対談をお受けいただき、ありがとうございます。

風香　いやいや、今回、彩図社さんから対談のお話をいただいたときに「なんて夢のある話なんだろう！」って思ったの。だって、あの麻優ちゃんがだよ？（笑）

岩谷　〝あの麻優ちゃん〟というのは、やはり、風香さんに送った写真の……。

風香　パジャマで髪の毛がボサボサで、後ろにはなぜか嵐のポスターの……。

岩谷　その時は好きだったんですよ、嵐が（笑）。

風香　でも、その写真を送ってきてくれてから10年になるんだよね！

岩谷　そうです。だから、この10年の岩谷麻優を語っていただこうと思いまして。

風香　まず、「女子プロレスラーになりたい」というメールがきて、いろいろとやり取りをしているうちに伝説の写真が送られてきて。それでやり取りをしていて、「（東京へ）行きたいです！」ってなったんだけど、お母さんの許可がもらえなくて……。

岩谷　けっこう時間がかかりましたよね、上京まで。

風香　実はそのころ、冷やかしの入門希望メールも多かったんですよ。男性が女子を装ってたりして……。そういうこともあったし、麻優ちゃんはいつまでもこないから、私の中では「この子、本気なのかな？」って思ったし、「本当にいるの？」みたいに怪しんで（笑）。そんな怪しさのピークのときに、やっと「行きます！」って連絡がきたんだけど……。それで所持金が6000円だったんだっけ？

岩谷　はい。お金がなくて（苦笑）。

風香　その全財産でこようとしてるから、どんな手段を使っても上京できないじゃん？　ヒッチハイクくらいだよ？（笑）それで小川さんに写真を見せたら「この子は化けるから交通費を出す！」って。それで東京駅に迎えにいったら……。

岩谷　コンビニ袋とショルダーバッグ一つでやってきたので驚いたと。

風香　その袋のうちの一つがお土産で、さらには「前日に友達とプリクラを撮ったから、あと３０００円しかないです！」って言われてさぁ（苦笑）。それで翌日にはやらかすし……。

岩谷　あぁ〜、「寝坊事件」ですね。風香さんのファンクラブのイベントがあって、それについていく予定だったんですけど、私、寝坊しちゃって。

風香　心配して、小川さんに電話をしたら「そういうこと（寝坊）する子っぽいよ」って言われて、おいおい、大丈夫か……みたいな。

入場するだけで感動させるレスラー

岩谷　いきなりドタキャンから始まるという（笑）。やっぱり、第一印象、悪かったですよね？

風香　でも、悪い子じゃないってのはわかってたし、原石ではあると思ったよ。だけど、小川さんが言うところの〝化ける〟っていうのはわからなかったよね。結局さ、小川さんがいつも「麻優は化けるよ」、「麻優は化けるよ」って言い続けていたから、気が付けば私も洗脳されたみたいなもんで……。

岩谷　洗脳ですか！（笑）

風香　だってさ、練習が始まってみたら、ランニングだけでブッ倒れてたでしょ？　しかも、その倒れ方も（鹿島）沙希ちゃんが、いかにも病弱ですって感じで青白い顔になって倒れているのに対して、麻優ちゃんはなぜかガードレールに足をかけて、大げさにハァハァ言って、アピールするように倒れてたじゃん！

岩谷　その頃からオーバーリアクションだったんですね、私（笑）。

風香　遠くから見ても「私、倒れてます！」って感じで、「派手だね〜」みたいな。本当に何もできなかったじゃん？　一応、入門前に陸上をやってたって話だったけど……。

岩谷　あと柔道です！　風香さんが一番、私が柔道をやってたことを信じてくれないんですよ！

風香　だって超弱かったもん！　今の素晴らしい動きのかけらもなかったからね、麻優ちゃんは。練習にまったくついてこられてなかったしね。

岩谷　今、考えると相当ヤバイですよね。腕立て伏せなんて1回もできなかったし……。

風香　後転もできなかったもんね。みんなはまっすぐ後ろに回れるんだけど、麻優ちゃんは曲がりまくって（苦笑）。旗揚げ戦が近付くにつれて「緊張する」を連発するようになって……。

風香さんが涙した岩谷麻優のデビュー戦

岩谷　風香さん、私が旗揚げ戦の会場にこないと思ってたんですよね？

風香　うん。だって私たちの中で『岩谷麻優、会場にこない説』があったからね。私、麻優ちゃんが旗揚げ戦の会場にきているだけで感動したもん（笑）。でも、今度は『入場しないで逃げる説』を疑って……。だから、麻優ちゃんが入場してきただけでウルウルしちゃって……。それがさ、当時の入場曲（『ブルーバード』／いきものがかり）の「飛翔（はばた）いたら　戻らないと言って」っていう歌詞にリンクして……。

岩谷　入場だけで感動させられるレスラー（笑）。

風香さんを激怒させた伝説の「おにぎり事件」

風香　あんな『おにぎり事件』を起こした子がね……（ニヤリ）。

岩谷　あぁ～、それ、やっぱり話しますか？

風香　当時、麻優ちゃんは小川さんと一緒に住んでいたから練習にも一緒に車できていて。ある日、練習の時間になっても来ないと思ったら、「遅刻しま～す」ってメッセージと共に、香気におにぎりを食べている写真がメールで送られてきたんですよ。「遅刻してコレか？」って思ったし、なんて常識のない子なんだろうと。

岩谷　あれは小川さんの命令で……（苦笑）。車の中で小川さんが「おにぎり食べているところを撮らせて」って。私、何に使われるかも知らずに……。

風香　あとでそれを聞いて、小川さんにも頭にきて（笑）。皆もピリピリしていたからね……それが初めて麻優ちゃんを叱ったことかな。たぶん、それ以来、叱ったことはないかもしれない。

岩谷　たしかに、それだけかもしれませんね、風香さんに怒られたのは。

風香　あと印象的なのは、麻優ちゃんは「いける！　今がチャンス！」ってときに期待を裏切るというか（苦笑）。

岩谷　何度もありました……（苦笑）。

風香　一番最初は米山（香織）さんのハイスピード選手権に挑戦が決まって。そうしたら「自信がないです」って、いなくなったじゃん？　私から見ると、けっこう波に乗っている時期だったのになんで自信がないのって思ったけど……。その後も定期的に失踪したよね。

岩谷　なんか、私、迷惑かけっぱなしですよね、風香さんに……。

風香　本当にそうだよ（笑）。ただ、控室とか皆がいる前では注意したけど、心のどこかで「まぁ麻優ちゃんだから」って大目にみてたかな。逃げながらも成長していったからね、麻優ちゃんは。

岩谷　もう、本当に恐縮するしかないですよ（苦笑）。

風香　だってガツンと言っていづらくなったらマズイじゃん（笑）。これは後から気付いたことだけど、私はマインドコントロールの如く、「あなたはスターになれる！」って言い聞かせて選手を輝かせようとするのね。だけど、麻優ちゃんは冷静に「これは無理です」って自己分析していて。それで乗らなかったのかって（笑）。

岩谷　あ～、たしかにそうかもしれないです！　私、直感だけで生きているので（笑）。

後輩たちが熱烈支持
実は凄かった岩谷人気

風香　そんな麻優ちゃんがプロレスラーとしてスゴイんじゃないかって思うようになったのは、世代闘争が始まったころかな。（星輝）ありさちゃんとタッグを組んでいて、麻優ちゃんを下に見ていたときがあったじゃない？

岩谷　そうですね、パートナーなのにリング上で罵倒してきたり、「岩谷に勝った程度でいきがってんじゃねえ！」って対戦相手に言ったり（苦笑）。

風香　たしかに当時の麻優ちゃんは練習についてこられていなかったけど、次第に……気付いたらできるようになってたんだよね。そこから、なんでもできるようになって。時間はかかったけど、誰からもやっかみを持たれないでここまでこられたというのは、やっぱり、麻優ちゃんの素質なんだって思う。それを小川さんは見抜いていたのかもしれないし。

岩谷　嬉しいですけど、どうなんでしょうか？（笑）

風香　その結果だと思うけど、一時期、麻優ちゃんを目指して入門してくる子が多かったよね～。（スターライト・）キッドたちの世代からは〝麻優ちゃん大好き世代〟ばかりじゃん。三人娘（紫雷イオ、宝城カイリ、岩谷によるユニット「スリーダム」）時代に、これは気まずいんじゃないかって思うほどに麻優ちゃん人気が高かったじゃない？　だから、私、「イオちゃんもいるよ」、「宝ちゃんもいいよ！」ってバランスを取れるように導いてたから（笑）。

岩谷　それもマインドコントロールですね（笑）。

風香　一時期、ある選手たちから「岩谷を辞めさせろ」という声が出ていたのも事実だけど、小川さんと私は一切それには応じないって貫いていたんだよね。それほど惚れこんでたんだよ、小川さんは。今の、後輩に

慕われて、チャンピオンになっている姿を見たら、やっぱり小川さんは正しかったんだなって思うよね。

プロレス大賞を獲った初めての教え子

風香 あと、麻優ちゃんがすごいのは誰とでも〝どっちが勝つのかわからない試合〟ができるってこと！ 麻優ちゃんが攻められて、攻められて負けちゃうんじゃないかって思わせておいて、逆転勝ちするっていうのかな。そういう観る人をハラハラさせる試合をするじゃない？

岩谷 こないだの（彩羽）匠との試合（2020年2月8日、後楽園ホール大会）みたいに負けるときもありますけど……。

風香 （息子さんを抱っこしながら）麻優ちゃんだったら、この子みたいな赤ちゃんが相手でもお客さんをハラハラさせるような、どちらが勝つかわからない試合ができると思うもん。名勝負メーカーだよね。

岩谷 うわ～、すっごい嬉しいです。今までに風香さんからいただいた最大級のほめ言葉ですよ！

風香 とくに最近はすべての技の完成度が高いでしょう。ミサイルキックとかの完璧さとかスゴイもんね！

岩谷 おぉ～、今日、対談させていただいて良かったです！ 嬉し過ぎます！

風香 そりゃあ、女子プロレス大賞も獲得できるよね！ おめでとう！

岩谷 ありがとうございます！

風香 決まった日に東スポさんから電話がかかってきてね、「風香さんに良い知らせです」って。めちゃくちゃ嬉しかったよ。そして、そりゃあそうだよね、麻優ちゃんしかいないよねって。私自身、スターダムを離れてから、そんなに女子プロレスの情報に詳しくなくなっちゃったけど、入ってくる話を聞く限り、麻優ちゃんでしょうって。それにしても……嬉し過ぎるよ。だって、私の純粋な教え子の中で麻優ちゃんが初めてだからね、大賞を獲得したのは。

岩谷　そうなんですか！

風香　第一号が、まさかの麻優ちゃん。

岩谷　そこで落とさなくても（笑）。

風香　いやね、もしも優等生だった子が獲得したら、別の感情だったと思うよ。だけど、麻優ちゃんだから感慨深いって意味だよ（笑）。

岩谷　まぁ、自分でも信じられなかったですけどね。だって、いつ逃げ出してもおかしくない人間だったじゃないですか？　私のプロレスラーとしての基礎は風香さんに叩き込まれたものです。受賞できたのは、風香さんのおかげです！

風香　そう言われると本当に感無量だよ、私も。麻優ちゃんはいま、名実共に〝スターダムの顔〟になったと思うし、今後もいろいろあると思うけど、スターダムの顔で居続けてほしいな。

岩谷　はい、がんばります！　そうそう〝顔〟といえば、今や、私に欠かせないキャッチフレーズの〝スターダムのアイコン〟って風香さんが考えたんですよね？

風香　そうなんだろうけど……今となっては、なんで麻優ちゃんをそう呼ぶようになったか覚えてないの（笑）。

岩谷　えぇ～！　そこ大切なところです！　思い出してください！

風香　直接的ではないんだけど、小川さんが「岩谷麻優はスターダムの未来だ」的なことを言っていて。次第に、この子はスターダムの象徴になるんだろうな～って。そこから、スターダムのアイコンってなったんだよね。

岩谷　さらにがんばらんと！

岩谷麻優は結婚にゼッタイ向いていない

風香　そうそう、今回、こういう本を出すってことは……引退するとかじゃないよね？

岩谷　いや、違います！　私が引退するのは寿引退ですから！（笑）だって、（風香さんのお子さんを見て）可愛いじゃないですか。私もいずれは……って思います。

風香　そういえばさ、けっこう前の話になるけど、私、麻優ちゃんに「麻優ちゃんは絶対に離婚するタイプ」って言ったよね？　しかも、結婚以前に相手の男性をマリッジブルーにさせるタイプだって言った！

岩谷　言われましたね～（笑）。あれは小川さんに報告する前日ですね、結婚云々を。実は最初に相談したのは風香さんで。

風香　え？　それ、言っていいの？

岩谷　はい、この本でも触れています。結婚願望もめっちゃ語っていますし、そのことも書いてます（150ページ参照）し、なかったから今に至るわけで（笑）。

風香　でもね、絶対に麻優ちゃんは結婚に向いてない！　相手がかわいそう！（笑）

岩谷　師匠にハッキリ言われるとは……しかも、相手がかわいそうって（笑）。

風香　あのね、今の麻優ちゃんを好きになる男の人って、今の輝いている麻優ちゃんを見て好きになると思うの。だからさ、ある程度、素の麻優ちゃんを見せてからことを進めないと……。

岩谷　さすが、風香さん、私のことを知っているから……（半笑い）でも、寿引退を狙ってますからね！

風香　っていうか、麻優ちゃんの本、ここまでぶっちゃけていいの？　まぁ、それも麻優ちゃんらしくていいか！（笑）　これから、リーダーとしても一人の女性としても、いろいろと大変だろうけど、輝き続けてほしいと思います。

岩谷　ありがとうございます！　プライベートな相談もありますので、また1週間後に伺います！（笑）

風香（ふうか）

2004年、JD スタープロレスリングでデビュー。07年に団体が活動を停止すると、ロッシー小川プロデュースのもと自主興行「風香祭」を開催し、アイドルレスラーとして人気を博した。10年に現役を引退後は指導者の道を進み、若手のレスラーを育成。11年に練習生たちが中心となり、女子プロレス団体スターダムが旗揚げされると GM に就任し、18年まで務めた。この対談時は第二子をご懐妊中。2020年4月、健康な男児を無事に出産された。

第三章　ポンコツレスラーと呼ばれて

ついに迎えたデビュー戦

２０１１年1月23日。

新木場１ｓｔＲＩＮＧで開催された『スターダム旗揚げ戦～Birth of nova 新星誕生！～』で私、岩谷麻優はプロレスラーとしてデビューしました。

対戦相手は、星輝ありさ。

もちろん、彼女もデビュー戦です。

そして、改めて書きますが、セミファイナルの試合ですよ！

もぉ、緊張しかなかったですね。本当にヤバイほどにガチガチで。それも試合の何日も前からずっと……。だから、選手やスタッフの間では「岩谷麻優デビュー戦、新木場にこない説」が囁かれていたほどです。

だけど、会場にはきました。すると、今度は「岩谷麻優、入場曲が流れたら逃亡説」が流れるという（笑）。いまでは笑い話にできますけど、それほど誰が見てもヤバイ精神状態に追い込まれていたってことなんです。

そんな状況だったもので、私が入場しただけで本部席の風香さんが泣きました。「麻優ちゃ

記念すべきデビュー戦。プロレス人生の幕が明けた。(写真提供：スターダム)

んが入場して良かった～」って（笑）。今だから〝（笑）〟を100個付けたいエピソードですけど、まぁ、それほどド緊張してたってことです。

で、試合時間は……調べてみたら7分4秒だったんですね……。

いや、イッパイイッパイ過ぎて、これっぽっちも覚えていないんです。ありさちゃんのブラジリアンキックが入ったことだけは記憶にあるけど、たぶん、ヒドイなんてもんじゃなかったんでしょうね～。

〝たぶん〟というのは映像で見ていないんですよ、デビュー戦だけは。

ヒドイってことはわかっていますし……記憶から抹消したいです。あんなおぞましい（たぶん）映像、一生、見ないでしょう。恥ずかしいってよりも怖いですよ、あの試合の映像が残っていることが。もしも麻優が世界を意のままに動かせる権力を持ったら、この世にある私のデビュー戦の映像をすべて抹消します！

あと、会社にお願いします！

この先、たとえば10周年とかの記念大会とかで過去映像を流すこともあると思いますが、絶対に麻優のデビュー戦の映像だけは使わないで！

これ、〝フリ〟じゃないけん。本当に頼みます！

試合の内容はそんな感じだったけど、デビューできたこと自体は嬉しかったし……あ、でも、

「やっと終わった」という気持ちのほうが大きかったかな。ホッとしたというか。「ここからがスタート」という感情はあまりなかったかも。

デビュー戦に向けて、ものすごく練習していたから、それが報われたという想いが強かったのかな。そう考えるとわからないんです。改めてデビュー戦を振り返ると、なんだか複雑な気分になりますね。

まったく勝てず連敗記録を更新

そうやってなんとかデビューまでこぎつけたものの、これまた岩谷麻優はポンコツだって言われるようなことが起こります。

まず、まったく勝てませんでした。スターダムの連敗記録を樹立しました。

一期生は同じ日にデビューしたから、基本的に出場する試合数も同じです。でも、同期の中で次々と試合に勝つ選手が出てくるのに、岩谷麻優の自力勝利はゼロ。旗揚げから5ヶ月が経ったころに、もう一人、勝ちがなかった一期生の須佐(すさ)えりとの〝未勝利対決〟をやったのですが、それにも敗れてしまい、ダントツのビリになりました。

この勝てなかった日々は……もちろん、悔しかったですよ。

だけど、心の中で「負けて当たり前やろ！」って思う自分もいました。

だって、試合で動けていないし、そもそも練習にだってついていけていないし……。

がんばらなきゃいけないって思っているけど体が動かないから、精神的にも辛かったですね。

プロレスラーになるんだって決意したときに妄想した自分の姿と、あまりにもかけ離れた現実の自分。そのギャップの大きさに正直、気持ちが萎えていきました。

そういうときの支えになったのが、ファンの方の声援でした。

「師匠の風香さんも最初は負けっぱなしで、当時、連敗していた競走馬にたとえられて、〝女子プロレス界のハルウララ〟って呼ばれていたんだよ。だから、麻優もがんばれ」って声をかけてくださるファンの方がいて。

へぇ〜、風香さんもそうだったんだ〜って。これは励みになりましたね。

だけど、私の勝てない理由を上の人間もわかっているから、「岩谷はやっぱり辞めさせたほうがいいんじゃないか？」的な話も、またまた出てくるわけです。

ただ、私の場合、これはとてもありがたいことなのですが、〝売店人気〟はダントツだったんです。ポートレートへのサイン入れを待ってくださる行列とかすごくて。ここでもファンのみなさんに救われたんですね。

たぶん、「このままだと麻優は辞めてしまう」という雰囲気をみなさんが察してくれたのだ

須佐えりとの〝未勝利対決〟にも敗北（2011年6月26日、新木場1st RING）。キッズファイターの夢（はるか）を除けば、唯一の未勝利選手になった。（写真提供：スターダム）

と思います。だからこそがんばれたんですよ、あの当時。

最初の「岩谷脱走事件」

このように連敗街道をまっしぐらに進みながらも、ファンの方々に支えられていた私ですが……結局、「やる気はあるのに体が動かない、ついていかない」という自分に負けてしまいました。

そう、脱走してしまったんです。

これまでに何度か脱走・失踪をしている私ですが（もちろん、いばって言うことではないですけど）、最初の脱走は当時暮らしていた寮から自分の荷物を箱詰めにして。運送屋さんに持っていったらとんでもない金額になってしまったので、実家へ着払いで送りまして（笑）。だけど、山口県の実家に帰ったら東京に連れ戻されると思ったので、私自身は父の親戚の家に逃げて……という感じです。

母親いわく、「かなり驚いた！」そうです。そりゃあ、そうですよね。荷物がたくさんきた。だけど、当の本人は帰ってこないという状況なのですから。

それで大騒ぎになって、結局、身を寄せていた父の親戚から母に連絡がいき、山口へ強制送還されてしまうのですが……。やっぱり、プロレスはやりたい、諦めたくないという気持ちが出てきて……戻りました、先輩に頭を下げて。

リングに上がってファンのみなさんとの一体感をもう一度味わいたいと思ったし、こんなポンコツ人間を応援してくれるみなさんを裏切れないと思ったら、逃げたらあかんって。だから戻れたんです。

と、いうことで、これで第1回目の脱走は終わった……と言いたいのですが、実は、そのときに送った荷物が実家にまだ、そのままの状態で残されているんですよね～、まるで見せしめのように（笑）。だから、終わっていないといえば終わっていない……のかな？

ほとんど印象がない2年目

デビュー後はこのような感じでしたから、とくにスターダムのファンのみなさんにとって印象に残るような選手ではなかったと思います。

というか、旗揚げ戦のメインで陽子さんと世Ⅳ虎ちゃんがもの凄い試合をして、それが一期生の平均値みたいな見方をされていたので、私なんか最下層ですよね。細くて投げ飛ばされまくって。ときたまホメられるのは「あんな受け身でよくケガしないね」みたいな……。

タッグマッチとはいえ初勝利はしたものの（2011年7月24日、スターダム初の後楽園大会。シングル初勝利は同年12月11日、新木場大会での須佐えり戦）、大した話題にならないし、いわゆる〝その他大勢〟なレスラーで1試合目とか2試合目が定位置でした。

同じ一期生の陽子さんと世Ⅳ虎ちゃんはもう別格で、恐れ多くて「ライバルです！」なんて言えなくなっていたし……。ライバル心を持てたのは、同期の須佐えりくらい。はっきり言って底辺を争っていた（苦笑）。

という感じで、2年目の2012年は、あまり印象にないかな～。あ、（紫雷）イオさんと、ありさちゃんと翔月なつみちゃんと「PLANET」というユニットを組みましたね。試合の連携を考えるのはもちろん楽しかったんですけど、大変だったのは入場時のダンス！　振付はありさちゃんが考えたのですが、土手で夜遅くまで練習した思い出がありますね～。そういえば、このユニットでイオさんと組むようになって……後々につながっていきますね。

そんな2年目の2012年の5月に起きたのが、イオさんの一件（編集部注：紫雷イオがメキシコから大麻を密輸したとして逮捕された事件。捜査の結果、無罪であることが判明している）で。

これに関しては終わったことだし、私がアレコレ言えることじゃないんですけど……。イオさんがそんなことをするはずはないって信じていたし、事務所での全体ミーティングに

2012年7月24日、スターダム初の後楽園大会で、タッグマッチ（岩谷麻優＆星輝ありさ vs 須佐えり＆鹿島沙希）ながら初の自力勝利。喜びを爆発させた。（撮影：大川昇）

きて謝罪したときのイオさんのやつれきった姿を見たら……。同じユニットだったこともあったし、私がイオさんを守らなきゃって思えた。この件に関しては、それだけです。

ビッグマッチと仲間の離脱

あと、２０１２年といえば、忘れられないことがありました！

翌年の２０１３年4月29日にスターダムの両国国技館大会の開催を発表したんですよ！

だけど、私、相撲を見たことがなかったし、国技館と聞いてもあまりピンとこず（苦笑）。正直、それが凄いことだって、最初はよくわかりませんでした。

それで両国大会を盛り上げるために、選手にそれぞれ役割が与えられたんですね。私は広報部でした。それから名刺を作って大会をＰＲして……ということをやった記憶がありますね。

でも、この両国大会へ向けて力を合わせていこうという時期に、一期生の仲間……ありさちゃんや陽子さんが辞めてしまって。さらに二期生の鹿島沙希（かしまさき）もフェードアウトしていって。

そんな中で開催された両国大会では、私は8人タッグのミクスドマッチに出場しました。試合そのものに関しては、すごいメンバーの中に入れたのは感激でした。

だって、飯伏幸太（いぶしこうた）選手がいたんですよ？

スターダム初の両国国技館大会。岩谷麻優は第三試合のMIX 8人マッチに出場。
飯伏幸太選手とタッグを組むという豪華なカードだった。（写真提供：スターダム）

ただ、すごく失礼だけど、両国国技館に対して思い入れはなかったから、「すごいところで試合しちゃったなぁ」という気持ちは、ほとんどありませんでした。

今、考えてみると実にもったいないですけどね！　だから、「いま、すごいところで試合をしている」ってちゃんと実感するためにも、もう一度両国に進出したいです！

「岩谷麻優失踪事件」、再び

私自身、実は両国大会自体よりも、その後のことのほうが印象に残っています。

というのも、この両国大会で愛川ゆず季さんが引退して、〝ゆずポンロス〟でお客さんが目に見えて減ったんです。旗揚げ以来、新木場1ｓｔＲＩＮＧは満員のお客さんが当たり前だったのが、ゆずポンが引退して、それが如実に表れたんですね。会場設営で椅子を並べていても、両国大会前よりも明らかに少ないんですよ。これはけっこう悲しい気持ちになりました。

さらに両国大会の前後で何人かの所属選手も辞めてしまい、その中にはエースになるはずだった陽子さんもいて……。小川さんの本にも書いてあったけど負の連鎖があったんですよ。

9年間、ずっとスターダムに在籍していて、何度か「うちの団体、大丈夫かな?」と心配になったことがあります。

そんな気持ちに初めてなったのが、〝アフター両国〟でしたね。選手の間でも、何度も「もうダメでしょ！」って言葉を聞いたな、この時期は。私もそう思っていた一人ですけどね。

そんな感じで「愛川ゆず季さんが引退しました」、「両国国技館大会をやりました」と、スターダムにとっては3年目の２０１３年は転機になった年でしたが、私にも転機が訪れました。

といっても、両国大会からしばらくは相変わらずの状況で。両国大会から最初の大会を『第二章開幕』という感じで開催しましたけど、そこからずっと私はアンダーカードばかりでした。結局、両国という大舞台を経験しても何も私は変われていなかったのかな。自分の理想の姿と現実の姿はどんどんかけ離れていって、心のどこかではプロレスを辞めたいと思いつつ。だけど、他にやることはないし、帰る場所もない。そんなモヤモヤを抱えてしまった私は……再び失踪事件を起こします。

今回は遠くに逃げたのではなく、練習に顔を出さなくなったんです。当時、引っ越したばかりの一人暮らしの部屋に引きこもっていました。

言い訳ではないのですが、その家というのが最寄駅から徒歩30分以上の場所にあって。当時はお金がなかったですし、練習場所があった小岩駅を通る総武線沿線で安い部屋を探したら、千葉県某所の物件を紹介されたんです。山口県から上京して間もない私には千葉と聞いても位置関係も距離感もわからん。だけど、同じ総武線沿線だからいいか〜。駅から徒歩30分という立地も歩けばトレーニング代わりになるし。そんな感じで借りたところ、駅から家まで遠過ぎだし、電車に乗っている時間も長過ぎるし、それ以前にプロレスがつまらないし……という感じで引きこもりになってしまったんです。

小川さんはもちろんのこと、世Ⅳ虎ちゃんからの電話にも出ない。毎日だらしなく、天井を見て寝ているだけでした。うん、山口の引きこもり時代に逆戻りです。

そんな感じで練習を無断欠席していたら、ついに……。心配した世Ⅳ虎ちゃんがアパートを訪ねてきました。しかも、玄関が開かないからベランダをよじ登って、だらしない姿で寝ている私を〝発見〟して。

その数時間後には小川さんも車でやってきて、荷物をまとめさせられて寮へ強制送還ですよ。放っておいてほしいと思いつつも、同期の仲間に助けられたという気持ちも大きくて、このときは「あ、私、一人じゃないんだ」って実感できましたね。

そうそう、この時に木村響子さんから怒られながらも、「気合を入れ直せ」って、坂口道場を紹介されました。そこで教えていただいた蹴り技は今も役立っています。

「たわしーず」でブレイク

それで、なんとかプロレスに戻ってきたわけですが……当時は、「スターダムはいつ潰れんだろ?」と思っていたし、戻ったものの「まぁ、試合に出れればいいか……」というのが正直な気持ちでした。事実、この年の『ＳＴＡＲＤＯＭ　５★ＳＴＡＲ　ＧＰ２０１３』にも旗揚げメンバーでありながら出場できませんでしたし、モヤモヤは続くばかりで……。

『ＳＴＡＲＤＯＭ　５★ＳＴＡＲ　ＧＰ』とは、シングルのリーグ戦であり、スターダムの重要な年間行事の一つです。現在でも続いていますし、今では私も当然のように出場していますが、２０１３年当時は出られなかったんですよね。

このシリーズの大会ではくる日もくる日も同じくトーナメントに出場できなかった脇澤美穂さん（引退）、フリーで参戦していた松本浩代選手と３ＷＡＹマッチをしていました。

最初は「なんで毎回、同じカードなんだよ！」って感じでイヤでした。それは、たぶん、脇澤さんも松本さんも同じだったと思います。だけど、試合を重ねていくごとに、だんだん３人の間に一体感というか、絆のようなものが生まれていくのを感じたんです。

そんな３人に対して付けられたユニット名が「たわしーず」でした。

たわしって、ゲームとかだと残念賞の賞品というイメージがあったようで、誰かが「トーナメントに出場できないアンタたちは、たわしみたい」と言い出して（本当に失礼な話ですが）。それで開き直って、「だったら、いっそのこと〝たわしーず〟というユニットを組みましょう！」って3人で団結して結成しました。

うん、開き直りでしたよ、最初は。だから、「どうせ本戦（グランプリ）には関係ないんだから好き勝手やっちゃおうぜ！」みたいなノリになって、たわしを武器に使い始めたんです。最初は投げつけたり、それで相手の背中をゴシゴシしたり……やりたい放題です。

プロレスの楽しさを教えてくれた脇澤さん

このとき、私のモヤモヤを取り除いてくれたのが脇澤さんでした。

たとえば、「たわしをこういう感じで使いたい」と提案すると、「麻優ちゃん、いいね、それ！　やっちゃいなよ！」と脇澤さんが背中を押してくれました。当時のスターダムでの私のポジションは、先輩選手に何かを提案してもシカトされたり一蹴されたりするのが常でしたから、大先輩の脇澤さんに賛成していただけるのは大きかった！

いま思うと、脇澤さんは「あ、プロレスって、こういう楽しみ方もあるんや！」ってことを教えてくれたんですね。キャリア的にも大先輩なのに威圧することなんてなくて、いつもニコニコ接してくださって。ポンコツだった私を見守ってくれていたし、愚痴にも付き合ってくだ

「5★STAR GP」にあぶれた３人で作ったユニット「たわしーず」。たわしを凶器に使うなどのハチャメチャなファイトスタイルで人気ユニットになった。（撮影：大川昇）

さった脇澤さん、今も大好きな先輩です！

そんなお遊びを本気でやっていたら、「たわしーず」になんと、元祖たわしメーカーの「亀の子束子西尾商店」さんが公式サポーターで付いてくださったんです！

１００年以上も続く老舗メーカーが、ですよ？　社員の方が率先して10キロ以上もある巨大たわしや、あらゆるアイテムを製造してくださって。小川さんも「公認サポーターだしね」と、それを武器に使うことを認めてくださって（笑）。「たわしーず」の逆襲が始まりましたね！

工場見学もさせていただき、１個のたわしを作る職人さんの苦労も知ることができたので大事に、そして、大胆に武器として使わせていただきました。

その結果、なんと！　６人タッグの王座であるアーティスト・オブ・スターダムのベルトを奪取できたんですよ。私にとっては初めてのチャンピオンベルト！　少しずつプロレスラーとして道が拓けてきた気持ちになれました。プロレスが楽しくなってきたんです、「たわしーず」を結成して。

あ、そうそう、「たわしーず」の武器に〝ゴムぱっちん攻撃〟があったんですけど、あれ、今、大江戸隊がドヤ顔で使ってますよね？　スターダムでは私たちが元祖ですから！　おい、大江戸隊！　ちゃんと使用料を払えって！

このころからでしょうか、試合で自分の存在感を出せるようになったのは。

2013年12月29日の後楽園大会で、「たわしーず」は木村モンスター軍（木村響子、アルファ・フィーメル、ザ・フィーメル・プレデター〝アマゾン〟）に勝利し、アーティスト・オブ・スターダム王座を奪取。記念すべき初ベルト戴冠に感極まった。（撮影：大川昇）

やっぱり、それまではダメダメの内容の試合ばかりだったし、そのことで余計に自信を失っていた面がありました。だけど、「たわしーず」を結成してからは、かたちはどうであれ、試合をしてお客さんが沸いてくださると、自信にもつながるし、胸も張れるようになってきた。なにより、試合をしていて楽しい！

ファンの方々の「最近、良くなったよ！」っていう言葉も励みになりました。それまで私のファンの方って、慰める意味で「麻優、がんばるんだよ！」って声をかけてくださることが多かったんです。親心みたいなものですよね。だから、なんとなくファンのみなさんに〝親孝行〟できた気分でしたね、この当時は。

そんな、私の転機となった「たわしーず」ですが、2014年8月にアーティスト・オブ・スターダムの4度目の防衛戦に失敗して、王座を失ったことで解散します。それから私はシングルプレーヤーとしての道を模索することになりました。

「たわしーず」の解散と前後して、この年の7月にワンダー・オブ・スターダム王座、いわゆる白いベルトを巻くことができました。初のシングルのベルト戴冠でした。もちろん、嬉しい！　ただ……「たわしーず」のインパクトがいろいろな意味で強かったこともあって、印象は……やや、地味だったかも（苦笑）。

年末には別れもありました。私にプロレスの楽しさを教えてくれた脇澤さんが、この年の最

2014年7月27日（名古屋大会）、ワンダー・オブ・スターダム王座決定トーナメントで優勝。決勝で尊敬する脇澤美穂を下し、デビューから苦節3年半、ついにシングルのベルトを腰に巻いた。（写真提供：スターダム）

終戦をもって引退されたんです。楽しかった分、寂しさも大きかったことを覚えています。思えば2014年って、翌年から今にかけての〝ダメ〟の1年だったんじゃないかな？

涙、涙の初海外遠征

2014年には、私にとってもう一つ、転機となる出来事がありました。

初めての海外遠征です。

5月のことですが……これが、ある意味で伝説の『岩谷麻優、初の海外遠征』ですよ。

私とイオさん、宝ちゃんに加えて、負傷で試合には出なかったけどディーバとして愛星（まなせ）ゆうな（現：まなせゆうな）が同行して4人によるメキシコ遠征だったんですけど……現地に着いた瞬間、私、大号泣しまして。

メキシコ到着の第一声が「帰りたい！（大泣き）」という……。ホームシックと（着いたばかりでだよ！）、あと、初めての長時間の飛行機移動に疲れて、号泣スイッチが入ってしまったんです。

その後もずっと泣いてましたよ、私。イオさんや同行したスタッフさんも呆れてたなぁ～。

これが初海外の思い出で、どこを観光したとかほとんど覚えていないです。だから、このメ

メキシコ遠征では、ルチャリブレの聖地アレナメヒコにも上がった。（撮影：大川昇）

スターダム勢はダーク・エンジェルを加えて、８人タッグマッチに出場。（撮影：大川昇）

キシコ遠征の写真のほとんどが涙目なんですよ（笑）。

まぁ、その後は飛行機にも慣れてきたし、今では好きですよ、海外遠征。

海外での試合については、別の章で触れましょう。

不穏試合前夜の出来事

年が明けて2015年。2月にスターダム史上最大の事件が起こります。世Ⅳ虎の不穏試合（2015年2月22日、後楽園ホール）ですけど……。私自身、もう終わったことだし、昔のことだし、今さら振り返らなくてもいいんじゃないかって思っています。ただ、やはり、大きな出来事だったことは事実ですし、その後、団体だけではなく、私にとってもターニングポイントになった一件であることは間違いありません。だから、私が書ける範囲で、あの日のことを振り返ってみましょう。

改めて思い返せば、不穏な空気は前日にも一瞬だけ流れていたような気がします。

あの試合の前日、練習後に当時道場があった浜松町の公園で世Ⅳ虎と話をしていたんですよ。そのときの世Ⅳ虎はどこかうわの空で、ふと「明日、なんかイヤだなぁ」みたいなことを言ったんですよ。

「どういうこと？」って一瞬思ったけど、そのまま話が進んで、その話題は終わって。

実は世Ⅳ虎と私って、普段はプロレスに関する話って、ほとんどしなかったんです。他の人には「チャンピオンベルトって取るよりも防衛するほうが難しい」なんて悩みを相談していたようですけど、私にはそんなことを一切言わなかったし。

だから、その日も普通にそのままプライベートな話題に移って。「イヤだなぁ」って言ったのも、その直前まで練習をしていたから、それで疲れているのかなって。でも、彼女がそういうことを言うのは珍しくて、印象に残っていたんです。

バックヤードで見た光景

そして、あの試合ですが、覚えていないこともたくさんあります。

まず、セコンドに付いてはいましたけど、どこからあのような展開になったのかは私自身、覚えていないんですよ。たぶん、世Ⅳ虎から入場用のガウンを受け取って、それを後楽園ホールの下の階にある控室に持っていったんじゃないかな？　いや、最初から最後までセコンドにいたかもしれんし……。

覚えているのは、いつからかわからんけど会場がなんかザワついていて。対戦相手のセコンドに付いていた木村響子さん（引退）がレフェリーの和田京平さんに何か怒鳴っていて。そのときの木村さんの表情が試合のとき以上に険しかったんですよ。それでリング上を見たら……。世Ⅳ虎は試合を正常な状態に戻そうとしているんだけど……。

あのような場面に出くわしたのが初めてで、恐くてパニックを起こしてしまったのでしょう。私、泣きながら見ていることしかできませんでした。そこからどうやって試合が終わって、大会が締められたのか？　会場内でのことは断片的にしか覚えていません。

まず、試合が止められて、最初は世Ⅳ虎のレフェリーストップ勝ちの裁定だったのかな？　それでも2人が興奮しているから引き離して、私は世Ⅳ虎を控室に連れ戻そうとしました。そうこうしているうちにイオさんがリング上でお客さんに向かってマイクで謝罪して……それを控室に続く階段で聞いてたんですよね、私と世Ⅳ虎。それで、控室で彼女をなだめて、ずっと一緒にいた……と思っていました。

だけど、今回本を書くにあたって、この大会の写真を見たら、締めの挨拶のときは私、リングにいるんですよ。それで、締めた後に再び控室に戻って……だったと思います。そうしたら控室で小川さんと世Ⅳ虎がもみ合いになっていて。世Ⅳ虎はパニックになっていて、たしか泣いていたんですよ。

この時点ではまだネットのニュースにもなっていないし、その後、あのような騒ぎになると

2015年2月22日、後楽園大会のメイン後に締めるスターダムの選手たち。岩谷麻優は写真右側。しっかりとリングに上がっていたのだ。（写真提供：スターダム）

も思っていなかったから、世Ⅳ虎をなだめながら一緒に帰ったんです。途中、気持ちを落ち着かせるためにお茶でも……って感じになって。そのお店でけっこう冷静になったんですけど、彼女が「うち、クビになるよね」と言い出して。試合後の控室で小川さんともめて罵倒したことを気にしているみたいでした。

「もう試合、できないよね？」って聞かれたから、私としては「そんなことないでしょ」って返すしかないじゃないですか。とにかく、世Ⅳ虎をなだめて、慰めなきゃいけないって。

やっぱりかけがえのない同期であり、仲間であるし。

それに……私がアパートに引きこもったときに迎えにきてくれたのは世Ⅳ虎じゃん！　今度は私が守らんといかん！　そう思って、あの晩はしばらくそばにいました。

ネットでは大炎上状態になっているなんて知らずに。

吹き荒れるバッシングの嵐

その当時、私は寮暮らしだったんですけど、寮に帰って事態の大きさを知ったんです。

まず、リビングに小川さんがいたんです。そして……泣いていました。

小川さんは否定したけど、私、小川さんが泣いているのを見たのは後にも先にもこのときだけで、すっごく驚いたんですよ。それでネットを見たら、先ほどの試合が大きくニュースに取り上げられていて、スターダムがバッシングされていて。

後日、会社が会見を開いて、試合を無効試合にして、世Ⅳ虎を無期限出場停止の処分にしました。でも、団体への批判は止みませんでした。

プロレスは楽しさをお届けするものですから、故意に選手をケガさせて、お客さんを不快にさせるのは絶対にあってはならないことです。でも、一連の報道の中には、私から見ても疑問に感じるものもありました。事実に触れることなく、上辺だけを一方的に書いて、小川さんだけを攻撃するような媒体もあって。……いろいろと考えさせられました。

結局、世Ⅳ虎はそのまま引退……。

何回も会いに行こうと思ったけど、会いに行くのを止められたので会えませんでした。だから、その間、彼女が何を考えていたのかはわからないです。

次に会ったのは、２０１５年６月14日の彼女の引退セレモニーのとき。リング上の〃世Ⅳ虎〃と会ったのはそれが最後でした。

今は世志琥という名前で他の団体に所属しているけど、私にはとっては、いつまでも〃世Ⅳ虎〃なんです。だから、この本ではずっと、世Ⅳ虎って書いてたんだよね……。

事件の後で生まれた団結感

この事件はスターダム史上、最大で最悪の事件です。

でも、この一件がなければ、今のスターダムにはなっていない。そうも言い切れます。

この時期、理由はさまざまですけど、何人かの選手が退団したんですよね。その中には旗揚げ以来、団体を牽引してきた高橋奈苗（現：高橋奈七永）選手もいて。これはいろいろな意味で事件ですよ。だって、スターダムからリーダーシップを取る人がいなくなってしまったんですから。

新体制になってから所属選手で一番キャリアがあったのが、イオさん。続いて一期生の私。そして、三期生の宝城カイリでした。

この3人が下の選手たちを引っ張るしかない状況で。もっと言ってしまえば、ここで一致団結しなかったら、スターダムはなくなるかもしれなかった。

だから毎日が必死でした。イオさん、宝ちゃん、私で〝三人娘〟〝スリーダム〟と呼ばれるようになりましたけど、なるべくしてなったポジションではないし、選手が減った分、マッチメイクにも苦労したし（ひとつの大会で複数の試合に出るのが当たり前でした）、毎回、試行錯誤の連続だったなぁって。当時はとにかく前を見なきゃ、とにかく進まなきゃって感じで、

事件後のスターダムを救った三人娘「スリーダム」。フレッシュな魅力あふれるファイトで、事件で付いた負のイメージを見事に払拭してみせた。（撮影：大川昇）

余裕なんて一切なしでした。

そんな中で私は……最初は正直なところ一歩引いているように思われていたんじゃないかな？　見る方によっては人がいないから仕方なくトップになったと思ったでしょう。リーダーとしてグイグイ引っ張っているイオさんの次に構えているのは、ポジティブにがんばっている宝ちゃんで。私は「スリーダム」の三女的なポジションに落ち着いていたように見えてたかな？　ある意味で麻優らしいっていえば麻優らしい、みたいな。

象徴的だったのが、２０１５年３月のワールド・オブ・スターダム王座を巡るトーナメントです。事件の影響で返上されたワールド王座を巡って、４選手によるトーナメントが開催されたんですが、参加したのはイオさん、宝ちゃん、当時「大江戸隊」を率いていた木村響子さん。そして、この年の２月にスターダムからマーベラスさんに移籍した彩羽匠（いろはたくみ）……。「スリーダム」から私だけ選ばれなかったんです。

それまでだったら、私の性格からすると腐る要因ですよ。

正直なところ、しばらくあの事件のことや仲の良かった同期が引退したことを引きずっていたし。だけど……「スリーダム」体制になったときに私、気付いたんですよ。私にしかない武器っていうのか、これだけは誰にも負けない自信っていうのかな。

それは……「私はずっとプロレスが好きだったんだ！」ということ。

「プロレスが好きだ」という自信

もちろん、イオさんも宝ちゃんもプロレスが好きだからスターダムのリングを守ろうとしたし、一致団結できたってわかっています。あの2人と当時の私を比べたら、私は劣っているところばかりでしょう。後に〝逸女(いつじょ)〟と呼ばれるようになるイオさんのプロレスセンスには敵わないし、宝ちゃんのポジティブでガッツのあるところにも敵わなかった。

じゃあ、岩谷麻優は何で勝負しますか？　自分でそう問い質(ただ)したときに、なんで私はプロレスラーになったんだろうって。そこから考えると、やっぱりプロレスが好きだから。引きこもりから抜けられたのは、偶然だけどもテレビで見たプロレスの試合に興味を持って、そこからずっと好きだったから……。

イオさんと話したら、イオさんはもともとプロレスに興味がなくて、高校生のときにたまたまお姉さん（紫雷美央さん）と一緒に習い事感覚でスタートしたって聞いて（イオさんの本『覚悟』にも書いてありますよね！　宣伝しましたよ、彩図社さん！）。宝ちゃんも元は女優志望で、たまたま出演した舞台がプロレスをテーマにしたもので、そこから……という感じでプロレス入りをしたじゃないですか？

だけど、私はプロレスラーになりたくてなりたくて仕方なくて、それで今があるんだ！　引きこもりだったけど、プロレスを好きで好きになっちゃって、これしかないんだ！

そのことがわかってから、気分がラクになったし、じゃあ、プロレスでがんばろうって。あとは、ファンとしてプロレスを観ていた時期があったから、いろいろなプロレス技を知っていたことも後々、役立ちましたね。そんな気持ちが春先から出始めたんだと思います。

そして2015年4月23日に開催されたワンナイトトーナメント『スターダム・シンデレラ・トーナメント2015』で優勝して初代シンデレラになることができたんです！

ドレスを着れたのはめちゃくちゃ嬉しかったし、自信になった。だからこそ、夏に開催された『STARDOM　5★STAR　GP2015』でもイオさんと時間切れ引き分けに持ち込めたと思う。優勝は逃したけど、シングルプレーヤーとして独り立ちできたんじゃないですかね？

そんな感じで2015年を乗り越えられたから、その後、何が起きても「ちょっとやそっとじゃスターダム、潰れねえぞ！」って思えるようになった1年でもありました。

また、この年の10月にはハイスピード王座を初獲得しました。ハイスピード王座はデビューして以来、ずっと念願だった王座。だから実は私の中で一番、思い入れのあるベルトです。

準決勝で紫雷イオ、決勝でコグマを破り、初代シンデレラの座に輝いた岩谷。特製のティアラ、青いドレスのほか、副賞として同年5月23日にメキシコのアレナ・メヒコで開催される「DRAGOMANIA 10」の出場権を得た。（撮影：大川昇）

来る者は拒まず、去る者は追わず？

２０１６年は……前半はとても充実していました。

まず、激動の前年を乗り切ったことで、「今年は何もなければいいね〜」みたいな感じで平穏な幕開けだった気がします。

2月にはイオさんと宝ちゃんとアーティスト・オブ・スターダムのベルトを奪取して。当時、イオさんとの「サンダーロック」というタッグでチャンピオン（ゴッデス・オブ・スターダム選手権）とハイスピードのチャンピオンだったので、なんと3冠王ですよ！

……といっても喜んではいられないのが現状で。実力というよりも選手が少なくて、必然的にキャリアのある私がベルトを巻いているという状況でしかなかったからです。

２０１４年11月に桃（渡辺桃）がデビューしてから約1年間、スターダムでは新人選手が誕生していませんでした。２０１５年の10月になってヒロ（美邑弘海）、キッド（スターライト・キッド）がデビューして、11月にジャングル叫女がデビューしたけど、スリーダムと下の選手とのキャリア、実力が開き過ぎていて、スリーダムで独占せざるを得ないという……。

もちろん、下の選手たちもがんばっていたし、だからこそ「スターダムは何があっても大丈夫！」って思えて不安は一切なかったんです。だけど、下の選手とタイトルマッチに相応しい

2016年の前半は好調を維持。4月29日に開催された第2回スターダム・シンデレラ・トーナメント（後楽園ホール）では、決勝で「たわしーず」の盟友・松本浩代を破り、連覇を果たした。（撮影：大川昇）

試合ができるかといえば、まだまだで。フリー参戦の選手や外国人選手に頼るしかなかったのが、もどかしい現実でした。

そんな中で私は4月に開催されたシンデレラ・トーナメントを連覇しました。でも授賞式のときに陽子さんが復帰宣言して正直話題を持っていかれたわ〜、みたいな（苦笑）。

陽子さんの復帰の話が出たところで、選手の引退や復帰について書きましょうか。

まず、去っていく選手についてですが……人それぞれ理由があります。これまでのスターダムで、私は何人もの選手を送り出してきました。その中には海外に拠点を移すための退団だったり、そのときは言えなくても実は寿引退だったりとか。そういう前向きな退団・引退については私は基本的に快く送り出しています。

もちろん、寂しくなるけど「がんばってね！」って。とくに寿引退なんて女子にとっては憧れだし夢ですよ！　私も寿引退願望がありますからね、マジで！　麻優にも引きこもる前は16歳で結婚して17歳で子どもを産んで……というプランがあったんですよ。だけど、紆余曲折あり、当初の予定から10年過ぎて今に至ると（笑）。

それはさておき、プロレスって、いつケガをして動けなくなるかわからないし、だったら幸せになれるうちに引退するのは良いことですよ。だから、基本的に退団・引退する選手は引き留めませんでした、ある一人を除いては（この話はあとで書きましょう）。

逆に復帰する、つまり本人がやりたくて戻ってくるのもアリです。やっぱり一度プロレスラーを体験すると、こんなに輝かしいことってないし、忘れられるわけないじゃないですか？

私自身、引退ではないですけど何度も逃げています。脱走しています。だけど戻ってきたのは、こんなにポンコツなヤツでも応援してくれるファンの方がいて、私はここでしか輝けないし、プロレスを取ったら何も残らんけん。そのことがわかったから戻ってきたんです。

一度、引退や退団をして離れても戻ってくるということは、それだけスターダムが輝ける場所ってことだし、私たちがそういう場所にしてきたという誇りもある。基本的に戻ってきたい選手はウェルカムなのは、そういう理由があります。そして……もちろん、私はずっとスターダムにいたんだよ、というプライドもありますけどね。

まさかの裏切り、そして解散

アメリカツアーやヨーロッパツアー、そして陽子さんの復帰を経て2016年の下半期は始まりますけど……私自身が徐々に低空飛行になっていったのも、この時期です。

いや、下半期も最初はガンガン攻めてたんですよ。とくにイオさんとの「サンダーロック」が絶好調で。向かうところ敵なし！　私自身、これ以上にないタッグチームだと思っていたし、どんなチームにも完成度では負けないと思っていました。それは男子も含めて。だって、東スポさんのプロレス大賞の優秀タッグにノミネートされたほどですから。

このころ、ある団体に乗り込んだこともありましたけど、すっげぇブーイングを浴びまして、試合も結局はなくなりましたけど（苦笑。あれは一体、なんだったんでしょうかね?）、負ける気は一切しなかった。ただ、気が付かないうちに、そこに甘えていた部分もあって、誰よりもそれを見抜いていたのが……隣にいたイオさんだったのかもしれません。

私の中では「サンダーロック」というタッグチームは、いつまでも続くものだと信じていました、2016年11月までは……。この年のタッグリーグの決勝戦でレッドゴッデス（予選グループの呼び名。レッドゴッデスとブルーゴッデスの2つのリーグに分かれて戦った）を首位突破した私たち「サンダーロック」に対して、ブルーゴッデス代表になったのは美闘陽子・宝城カイリ組でした。

試合の中盤でイオさんの掌底が私に誤爆しそうになったんです。それを寸前でイオさんが止めて。「さすが、イオさん！　反射神経、すごいなぁ～」と思ったのも束の間。次の瞬間、私の顔面が打ち抜かれました。イオさんの掌底で……。つまり、裏切りです。

試合中、紫雷イオの強烈な掌底がさく裂（撮影：大川昇）

裏切られた悲しさで、リング上で試合後は大号泣した。（撮影：大川昇）

打ち抜かれた瞬間から倒れるまで……ほんの数秒ですけど、私の頭の中にはイオさんとの思い出が次から次へと溢れ出してきました。

遠征で一緒の部屋になることが多かったなぁ。一緒に旅行にも行ったなぁ。リングではバシッと連携が決まったなぁ……とか。

イオさんの掌底って、めちゃくちゃ威力があるんですよ！　だけど、イオさんとの思い出のほうが、もっと痛かった。そう思ったらリング上で泣けてきて。いや、大号泣したよね、私。しかも、新しいパートナー（ＨＺＫ＝葉月：引退→２０２２年10月復帰）まで用意されていて、「あ、最初からイオさん、決めてたんだ」と思うと、余計に情けなくて。

実は、イオさんは「サンダーロック」に葉月を入れてユニット化する気持ちもあったんです。最初、私はそう聞いていた。だけど、結果としては私を裏切ったと。それを知って、イオさんとの日々はなんだったの？　そう思うしかなかった。

だけど……今となっては、イオさんは私のことを思っての行動だったんだってわかります。独り立ちしろよってことだと。

スランプから音信不通に

２０１６年が終わろうとしている中で、イオさんの裏切り、「サンダーロック」の解散があって。さらに遡ると陽子さんが戻ってきたことで、私の団体内のポジションが微妙になってきました。

もちろん、私の至らなさが原因なのはわかっているけど、周囲が陽子さんを推していると、従来の私の「二番手でいいや」という気質が出てきて。いや、それどころかイオさんや宝ちゃんもいるから、「四番手・五番手でいいや」気質になってしまい……気持ちがグンと落ちました。それで結局……私、またもや音信不通になりました。しかも、今度は関係者に引退宣言までしてしまいます。

実は当時、住んでいるところを誰にも教えていなかったんですよ。イオさんをはじめとする選手にはもちろんだけど、社長である小川さんにも、です。それで電話にも出なかったら完全な音信不通が成立するわけで。自分としては辞めるつもりだったし、「スターダムのことはどうでもいいや」ってなっていたから。心配して電話やＬＩＮＥがガンガンきましたけど無視していました。

そんなある日、外で夕食を済ませて住んでいるマンションに戻ると、玄関の前に人影が……、陽子さんでした。何も言わずに私をギュッと抱きしめてくれて……やっぱり一期生のお姉さんなんだなぁって。

その後、いろいろ話をして。そうしたら、陽子さんが別れ際にこう言ったんです。「実はイオさんも心配して、マンションの下で待ってたんだよ」って。直前に仲間割れしている手前、堂々とはこれない。だけど、私が心配になって様子を見にきてくれたんですね。

やっぱ、イオさんには敵わないなぁって思わされた瞬間でした。

「岩谷麻優トリマー事件」の真相

みんなが思ってくれている。私は一人じゃない。何度も逃げ出して、何度も思い知らされました。人間不信で引きこもりになった私にとっては、とても心強いことです。

だけど……心が弱っているときは、そういうことに対する感謝の気持ちも弱まってしまうんですね。この音信不通の期間中に私なりに自分の人生のことをいろいろ考えました。まず、「いつまでプロレスを続けるんだろう?」って。そして、それ以上に「プロレスを辞めたら、私、どうやって生きていくんだろう?」ということでした。

高校を中退して何も資格を持っていない私はどうやって生きていけばいいんだろう? そう思ったら、急に心細くなってしまいました。そのときにふと思い出したのが、引きこもっていたときのこと。あのときも将来が不安になって悩んで、そんなときにプロレスに出会ったんだっけ……。

そうか、新しく好きなこと、やりたいことを見つければいいいんだ！

そう思い、私が進んでみたいと思ったのがトリマーへの道でした。そうです、小川さんの本にも書かれていて、一部の方の間でも伝説になっている『岩谷、トリマーになるからプロレス辞めます！』事件です。

小川さんの本では「麻優がまた始まった」的に書かれていて、相手にしていなかったことがわかったのですが（笑）、実はこのとき、かなり本気だったんです。

まず専門学校に電話をして。そうしたら私は高校を中退しているので、高校卒業と同等の資格を取らなくてはいけないと。そうしないと入学資格がありませんと言われたんですね。それで、諸々の条件をクリアするために必要な時間を計算していくと、そのときすぐに動かなくてはならないとわかって。

私は思ったら後先を考えずに、すぐに行動してしまうタイプなので、まず母に電話して。学校に通いたいけど、お金が足りないから助けてほしいと伝えました。

母としては娘がプロレスを辞めるのは、ある意味で安心できることじゃないですか？　だから、すぐに了解してくれて。

その次に小川さんに挨拶ですよ。

私が「トリマーになりたいからプロレスを辞める」というと、小川さんは驚いていました。

でも、まさか心の中では「またか……」と思っていたとは(笑)。

それはさておき、自分の中では、ある大会でリング上から挨拶すると決めていたので、一部の選手や関係者の方には「次の大会で引退宣言します」とまで言ってしまったんです。

それほど本気でトリマーになることを考えていました。

ある選手には「麻優が決めた道なんだからがんばって」とまで声をかけてもらったんですけど……今、プロレスラーとして、この本を書いているということは、ま、そういうことです(苦笑)。

そんな感じで2016年が終わりました。これまでとは違った意味での激動期に突入する2017年以降のことは第五章で書きましょう。

第四章　岩谷麻優のプロレス観

攻めるより攻められるのが好き？

岩谷麻優にとって、『プロレス』って、なんなんやろ？

ときどき考えるけど、考えるほどにいろいろな想いが頭の中をグルグルして、一言じゃ言い表せない。ただ、絶対に言えるのは、私はプロレスに人生を救ってもらったし、プロレスラーじゃないと生きていけないなぁ～ってこと。

そんなことを考えながら、この章では自分なりのプロレス観を書いていきたいと思います。

まず、自分の試合をＤＶＤなどで観て振り返るか？

これは試合によりけりですね。ただ、前にも書いているけど、デビュー戦だけは絶対に観ん！（笑）

この話を他の選手にすると「ありえない！」「変人か！」って驚かれることもあるんですが、私、自分の試合というか、「やられている自分の姿を観るのが好き！」なんですよ。

……やっぱり、変ですかね？　なんだろ？　岩谷麻優という選手が攻めているシーンは興味がないっていうか。

もちろん、自分の試合を観ていて「良いタイミングで技に入れている」とか「めっちゃスピー

岩谷麻優といえば、やはりその卓越した受けのテクニック。強烈な技を受けてもケロリと立ち上がってくる姿から「ゾンビレスラー」の異名をとったことも。(撮影：大川昇)

ドに乗ってるやん！」って思うことはあるんですけど……。それよりも相手の攻撃を受けている場面のほうが、「あ、スゴイじゃん！」、「うわぁ～、こんなにされちゃってるやん！」、「この倒れ方、最高やな！」って見入っちゃう。

なんでしょう？　一言で表すと「攻められている自分が好き」なのかな？

そういえば、この本の表紙の写真を撮影してくださったカメラマンの大川さんにも昔、「あの受け身はどういうことなの？」って聞かれたことがあって。私、「あれはですね～、バーンって感じで……」と不思議な答えをしたらしいです。よく覚えてないんですけど。たぶん、無意識なんですよ。

私、体型がひょろひょろだから、どんな技でも吹っ飛ばされるわけで。そのときにケガをしないようにと自分なりに受け身を取っていたら、今のスタイルになった。要領が良くて吸収が早かったとしたら、今の岩谷麻優はいないと思うし、男子プロレスのファンになったからこそだと思っています。

プロレスは攻めることも大切ですけど、受けてナンボという選手がいることも大事なんですよ。そこから逆転しての勝利はインパクトがありますし……。

ただ、受け過ぎはいかんって思ったのが2020年2月8日にやった彩羽匠戦ですね。体重差もあったけど、あれだけ受けりゃあ、そりゃ負けるわな……と。

って、今、書いていて気付いたことだけど、これって客観的にプロレスを見れているってことですよね？　たぶん、スターダムの中では自分の試合を含めて、プロレスラーとしてプロレスを客観的に見られるほうだと思います、私は。

ただ、それで困ったこともあります！

心の底から楽しんでプロレス観戦ができなくなったんです。

もちろん、プロレスは好きやし、楽しいものです。ただ、自分がリングに上がっていると、どこか冷静に観てしまうんです。

たとえば、他の選手の技を見て「すごい！　今の技、どうやって入ったんだろう？」と思ったとします。そうすると、試合を観ながらも、その技について分析を始めちゃうんですよ。それで、「麻優だったら、別の入り方をするのに」とか「こういう風にアレンジできるよね？」と考えてしまう。だから、試合によっては集中できなくなることがあるんですよね。

これって闘っている選手に対して超失礼じゃないですか？

だけど、〝プロレスラーあるある〟とでもいうものなのでしょう。どうにもならないんですよ……。

以前、私のことを他の団体さんの客席で見かけた方もいらっしゃるようですが、最近、会場から足が遠のいているのは、そんな理由もあります。

コスチュームへのこだわり

プロレスの魅力の一つに選手の華やかなコスチュームがあります。

とくに女子の場合は見ているだけでも楽しいんじゃないかな?

今でこそ岩谷麻優のコスチュームといえばスカイブルー。そして、ときどき赤というイメージカラーがあります。とくにスカイブルーに関しては、デビューしてからずっと着ていましたから、その印象が強いのではないでしょうか。

さて、私自身、プロレスが好きになったきっかけはテレビで観たドラゴンゲートさんの試合でしたが、選手の動きもスゴイって思ったのと同時に、カラフルなコスチュームも強く印象に残りました。

デビューするにあたってイメージカラーをどうするか、考えたときに最初に狙っていたのは、実はグリーンだったんですよ。

これはドラゴン・キッド選手に憧れていたからなんですけど、いろいろ考えているうちに目についたのが、これまた当時、大好きだったK-POPグループのKARA!『ミスター』という曲の衣装の一つにスカイブルーのものがあって、「これや!」って。

デビュー後、しばらく着用していたKARA風のコスチューム（撮影：大川昇）

スカイブルーの長ズボン系のコスチュームがしばらく続いた。（撮影：大川昇）

あと、私、ドラえもんが好きなので、同じ水色だし「いいじゃん！」って。それで、KARAの衣装とほぼ同じ形でコスチュームを作りました。だから、片脚の裾をめくっていたんですよ、デビュー時のコスチュームは。

それでしばらくは長ズボン系のコスチュームだったんですけど、初めてメキシコ遠征に行ったときのことです。現地の某選手……いや、某というのは、本当に無名で、名前すら知らないような選手だから〝某選手〟なんですが、その人が着ていたコスチュームがかっこよかったんですよ。

それで「麻優も着たい！」と思って、その選手に交渉したんです、「そのコスチューム、売ってくれない？」って。それを日本に持ち帰ってコスチューム屋さんにリメイクしていただいたのが、初めてのショートパンツタイプのコスチュームです。

長いのと短いのではファンのみなさんはどっちが好みなんやろ？　私自身、最初に慣れ親しんだということもあって、実はロングのほうが動きやすいと感じるんですよ。短いほうが動きやすいイメージがあって意外でしょうけど……。それを実感したのが花月のスターダム所属最終試合（2020年1月26日、エディオンアリーナ大阪）でタッグを組んだときのコスチューム。花月に合わせて久々に長いやつをはいたら良かったんですよね。だから……もしかしたら、いきなり、長いので現れるかもしれん。

メキシコで某選手に譲ってもらったもの。ここからショートパンツ系に（撮影：大川昇）

2020年3月8日の無観客試合でのコスチューム（撮影：大川昇）

やはり、コスチュームはその選手のイメージを決めるものなので、実はイメチェンって難しかったりします。とくに色を変えるのは勇気がいるというか……。

私は一時期、スカイブルーを全面に押し出したくて、髪の毛も一部を水色にしていました。でも、途中で髪の毛を青くするのは止めました。髪が青いと集合写真で浮くんですよ。自分でも薄々気づいていはいたんですけど、ある日の撮影でやっぱり浮いちゃってて、そうしたらイオさんに「麻優、水色、やめたほうがいいよ」とキッパリ言われたんです。それで止めましたね。

ちなみに髪の毛でこだわっているのは前髪ですね。左目が隠れる感じがこだわりで。一時期は自分で切っていました。対人恐怖症だったこともあって、他人に髪の毛を触られるのもイヤやったし、だったら自分で切っちゃえって感じでした。

だけど、それだと失敗も多いし、人前に出る仕事をしているので、ちゃんと美容師さんに切ってもらわんと……って思って。それで、思い切り勇気を出して美容室に行ったわけです。美容室って髪を切ってもらう前にアンケートを書くじゃないですか。「どういう感じにしたいのか?」とかって。で、その用紙の備考欄に私が書いたのが、「一切、話しかけないでください!」(笑)。

それ以来、ずっと同じ美容師さんに切ってもらってますけど、4、5年通っていてほとんど会話したことがないです。

赤いコスチュームを着る理由

コスチュームの話に戻ります。

最近、海外と国内のビッグマッチ限定で赤のコスチュームを着ることがあります。

最初はアメリカの団体・ＲＯＨに出場することになって、何かインパクトを残したいと思ったのがきっかけでした。日本代表という気持ちでアメリカに乗り込むつもりだったので、「ここで赤のコスチュームを着たらどうやろ?」と、ふと思いついたんです。赤はやはり、日本の国旗のイメージもあるし。

小川さんに相談したら「それはいい!」って。それでアメリカでお世話になっている坂井澄江さんにも相談してみました。やはり、アメリカのファンの方も日本の岩谷麻優を観にくるわけですから、日本と同じ水色のコスチュームじゃないとガッカリされてしまうかなって思ったからです。すると、澄江さんは「エエやん、それ!　麻優ちゃん、赤も似合うで!」って背中を押してくださって。これが赤いコスチューム誕生秘話（っていうほどでもないけど）です。

本来は区別をつけるためにも赤のコスチュームは海外限定のつもりだったんです。

だけど、やっぱり、日本のファンのみなさんにもお見せしたいなぁ～って思い始めて。だったら、まずは日本でＲＯＨのベルト（ＷＯＨチャンピオン）の防衛戦をやるとき限定でお披露目しようって。そうしたら、ありがたいことに好評だったんですよ、赤コスが。それで「だったら、国内でもビッグマッチのときに着よう」って。

そして、もう一つ、赤を着る理由は戦隊系のヒーローとか、リーダーって赤を着ているじゃないですか？　だから「スターダムもＳＴＡＲＳも麻優が引っ張っていきますよ！」という気持ちの表れなんです。

このような感じで、いろいろとチャレンジしてきたコスチュームの制作に関しては、まず、デザイナーさんに自分で描いた原案を渡して……。これが〝噂の原案〟と呼ばれているシロモノなんですけど、どうも私には画力がなくて、いつもヒドイ原案になってしまい（苦笑）。デザイナーさんには「よくぞここまで作ってくださった！」という感謝しかありません！

マスクをかぶると気合が入る

あと！　いまの岩谷麻優のコスチュームに欠かせないのがマスクですよ！

私、本当はマスクウーマンとしてデビューしたかったんです。ドラゴン・キッド選手に憧れ

2019年から着るようになった、赤いコスチューム。国内ではタイトルマッチなど、ビッグマッチ限定で着用している。（撮影：大川昇）

ていたこともあって。

だけど、「旗揚げメンバーなんだからダメ！」って言われて、これがかなりショックだったんです。まぁ、デビュー前から記者会見とかに素顔で出ていたし、それは仕方ないかと。だから、入場時だけでも……という気持ちがあります。

最初のきっかけは2012年5月にドラゴンゲートのK-ness.（クネス）選手とタッグを組む機会に恵まれまして。そのとき、私もマスクをかぶりたいという欲望が抑えられなくなり、入場用のマスクを作ったんです。それがK-ness.選手のライバルであるドラゴン・キッド選手に似たデザインのマスクで。しばらく、そのタイプをかぶってました。

そこからサンダーロック時代は頭の部分が開いていて髪の毛が出るタイプのものになったり、現在のネコタイプのものを作ったり……大まかに3タイプのマスクをかぶってきました。今ではマスクは必需品ですね。

私、入場曲が鳴ってからマスクをかぶるんですけど、そこでスイッチが入るんです。つまり、「よし！」って気合を入れるためのアイテムでもあるんですね。

このマスクをかぶるのと、試合前にお清めの塩をまくのと、胸の辺りをトントントンって3回叩くのが、私にとっての試合前の三大儀式って感じかな。ちなみにマスクですが、日に日に進化しているので今後もどうぞお楽しみに、って感じですよ！

マスクはオオヤ製。カッコよく、遊び心のあるデザインが特徴だ。（撮影：大川昇）

タイトルマッチ限定のレアな入場テーマ

もう一つ、プロレスラーの入場を彩るのが入場テーマです。

私自身、これまでにいくつかのオリジナル曲を使っていますが、作曲家さんに「入場のタイミングに合わせてイントロは何秒位で」とか、そのときに好きな曲の感じを伝えて発注しています。

まず、初期のころに使っていた『Life is SHOW TIME』という曲があって。これは歌詞付きで、当時の自分の心境が反映されていた曲だったかも。それで、2016年から現在に至るまで使っているのが2代目の『THE SAVIOR』という曲。この曲には、少しだけ運命を感じたことがあって。

この曲を作っていただいたころの私って、「スリーダム」ではあったし、シンデレラトーナメントを制したりで上り調子ではあったけど、イオさんや宝ちゃんに比べると目立たなくて。つまり、三番手ですね。だけど、その後、2人が退団して……。〝SAVIOR〟って救世主って意味なんですって。ライフセーバーとかのセーバーですから。自分がトップに立つようになって、この曲の意味が増したっていうか今の私を暗示していたのかなって思います。

実は岩谷麻優にはもう一曲、オリジナル入場曲があります。

ファンの方はご存知でしょうけど、タイトルマッチ限定で流している入場曲です。この曲は宗本康兵（むねもとこうへい）さんという、ポルノグラフィティやももいろクローバーZ、家入レオさんの楽曲を手掛けている作曲家さんに作っていただいたんです。以前、ラジオ番組にアシスタントで出演したときに縁ができ、お願いをしたら快く作ってくださって。特別な曲なので、特別なときに使おうって。

そのような経緯があるのでタイトルマッチでしか流さないし、今のところ音源化する予定もありません。だから麻優がチャンピオンじゃなくなったらかからなくなるという。実際、2017年後半から2019年11月までかかりませんでしたから……。幻にはしたくないので、みなさん、応援してください！

必殺技へのこだわり

今の岩谷麻優の必殺技として、まず思い浮かぶのがドラゴンスープレックスではないでしょうか？

デビューしてしばらくの間、私にはフォールを奪える、説得力のある技がなかったんです。フォールが取れる技といっても丸め込み系の技だったりして。だからこそ連敗街道を走っていました。

たわけですが、そんなときに一期生と三期生との間で世代闘争が始まって、そこでも負けてい

そのときですよ！　ありさちゃんが私に勝った三期生に「岩谷に勝った程度で勝ち誇ってるんじゃねえ！」的なことを言ったんです！　今ではありさちゃんに「あのときはヒドイこと言ったよね～」って笑って言えますけど、当時は本気で落ち込みました（そりゃそうだ！）。

それで、自分にもフィニッシュ技が必要だと思って、まず、自分のプロレスラーとしての長所はなんだろうって。それでブリッジに自信があったから、これはスープレックス技だろうとなって、ＤＶＤとかでいろいろな試合を見ました。そしたら、ドラゴンスープレックスを見つけて「これだ！」って。

それで、「ドラゴンスープレックスを使いたいんですけど……」と相談したんです、ある方に。でも「いや、無理だろう」と即座に反対されて。だけど、どうしても使いたかったから、密かに練習はしていたんですよ、スープレックスの練習用の柔らかいマットの上とかで。

それである日の試合でいきなり披露して、それが決まったんですよ、見事に。もちろん自信があったから繰り出したけど、「もう使っちゃったから仕方ないですよね？」みたいな確信犯です、ドラゴンスープレックスは。

どんな技でもそうですが、いくら必殺技でも長いこと使用していると、相手に研究されたり

岩谷麻優を代表するフィニッシュホールドのドラゴンスープレックス。フォームが美しいだけでなく、高速かつ急角度。必殺技として申し分ない説得力を持つ。(撮影：大川昇)

して、なかなか決まらなくなります。そこで開発したのが『二段式ドラゴンスープレックス』ですね。一度、ジャーマンスープレックスの要領で相手をかついで、その途中でフルネルソンでフックして後は通常のドラゴンスープレックスで投げるというものです。と、言っても開発したのは私じゃないんです。あの技、小川さんの発案なんですよ。「こんな感じでドラゴンスープレックスに移行できないの？」と言われ、「じゃあ、やってみます」みたいな流れで完成してしまったという。

今では岩谷麻優の代名詞とまで言われるようになった技ですから、本当はオリジナルっぽい技名にしようと募集したんです。だけど、ピンとくるものがなくて、「だったら二段式ドラゴンスープレックスのままでいいか～」ということで今に至っています。

ムーンサルトに込めた思い

そして、今、私が使っているフィニッシュ技でいろいろな憶測を呼んでいるのが『ムーンサルトプレス』ではないでしょうか？

そもそも、この技ってスターダムから世界へ飛び出した〝アノ人〟のフィニッシュですよね。〝世界一のムーンサルト〟とも言われていましたし。だけど、アノ人は今、スターダムにはい

2019年1月の復帰してから使い始めたムーンサルトプレス。滞空時間が長く、美しいフォームが特徴。（撮影：大川昇）

ない。だから、いろいろな憶測が出たのかな?

それではなぜ、私がムーンサルトプレスを使い始めたのか?

それは2019年1月の、膝のケガからの復帰戦でのこと。何かインパクトあることをしたいな〜って思ったんですよ。じゃないと復帰した意味がない。だから、「膝をケガしている人が普通はやらんだろう」というような技を……と思ったんです。

それで思い浮かんだのがムーンサルトプレスだったわけです。ある意味では他の選手に対する牽制でもありました。

そのとき、リハビリをしても膝が90度以上曲がらない状態が続いていて、「おいおい、岩谷、大丈夫かよ?」的な空気が選手の間に流れていたので、それを打破したかった。STARSのメンバーには「安心して麻優についてきて!」という意味もあったし、大江戸隊とかの連中には「復帰したからには覚えてろよ!」ということですよ。

……と、説明しても、まだ「本当に?」と言われることが多いのですが……。まぁ、もしかしたら、以前、スターダムのリングでこの技を使っていたアノ人へのメッセージかもしれませんし、もしかしたら対抗意識もあるかもって書けば面白いですかね? いずれにしても何か意味のあることです、とでも書いておきましょうか? みなさんもいろいろと考えてくださってOKです。そういうところもプロレスの楽しみ方のひとつですからね!

ただ、私は誰かに憧れてプロレスラーをやっているのではなく、「なりたい自分」を目指してやっているわけです。だから、誰かの影響では……。ちなみに、私、アノ人の全員掛けの壮行試合で、たった1分の間の試合でしたが、その場飛びバージョンですけど、ムーンサルトを決めているんです。どんな意味が込められていたのかは……みなさんのご想像にお任せします。

天然で自然なマイクアピール

最近ではメインイベントを任されることが多くなっていますけど、自分の必殺技で勝って、マイクアピールで締めることが多くなっています。

勝ってマイクで締めるのは格別！　と、言いたいところですが、アカン、今でも苦手やわ～というのが本音です。そもそも、私の試合後のマイクアピールって噛みまくりで、さらに話すことがとっ散らかっているし。それで天然だとか、ポンコツだとか言われたり……。

実は数年前まで「勝ったらマイクでこんなことを言ってやろう！」と試合前に決めていたこともあるんですよ。だけど、激しい試合をした後って頭の中が真っ白になっているし、息も上がっていて冷静な状態じゃないんですよね。で、マイクを握った瞬間に「あれ？　私、何を言おうとしてたんやっけ？」とド忘れしてしまうという（笑）。そうなると、あとはもう最悪です。

私の場合、しどろもどろっていうか、挙動不審なマイクアピールになってしまうと……。だったら、「そのときに思っていることを言えばいいか〜！」と開き直れたのは、まぁまぁ最近になってのことで。

不思議なもので、そうしたら天然なりに面白いって評価されて……って、結局、私は天然かよってことなんですけど。その場の感情で話した方がお客さんにダイレクトに伝わるんだってわかってからは、そうしてますね。

２０２０年2月に彩羽匠との試合後、匠の磁気ネックレスが私のコスチュームの金具部分にくっついてしまうことがありました。その直前に大江戸隊に私が襲われて匠が守ってくれたこともあって、会場には一瞬、「岩谷と匠がタッグ結成か？」みたいな空気が流れていて。だから私がネックレスがくっついたときに「私たち、くっつく運命なんじゃないの？」って言ったんです。

考えたものじゃなく、パッと出た言葉だったけど、それが会場の空気と合致して歓声が上がって。ありがたいことに「岩谷麻優のマイク、スゴイじゃん！」ってほめられたんですよ。狙ったわけじゃないし、自然に言ったことだったので、ほめられても「そうですか？」みたいな感じでしたけど、プロレスって面白いなぁ〜って思いましたね。

私のマイクはナチュラルな言葉なので、そこを楽しんでいただければと思います。

スターダムファンにはいまやお馴染みとなった岩谷麻優のマイク。殺伐とした試合から一転、会場がなんとも言えないほんわかした空気に包まれる。（撮影：大川昇）

「みなさん、こんばんはー！」誕生秘話

マイクといえば、最近、私、昼の大会でも「みなさん、こんばんはー！」って挨拶するのがお約束にもなっています。スターダムの選手の入場曲を集めたＣＤの中でも大江戸隊の曲でイジられているほどです。

そういえば！　実はこの本のタイトルの候補の中に『岩谷麻優です。みなさん、こんばんはー！』もありました（笑）。それほど定着していますが……これって、いつから使ってるんやろ？　スターダムの大会って、同じ会場で昼夜２回で開催されることが多いんです。それで、お昼開始の大会だと選手はその３、４時間前に会場入りして、そこから一切、会場外に出ないことも珍しくないんです。会場によっては外の様子……たとえば天気とかもわからないときもあって、会場内にずっといると時間の感覚がなくなるんですよ。それで、試合をして頭の中が真っ白な状態になって。さらにテンションも上がっていたから、自然に「こんばんは！」って出てしまったという……。

なんだ、結局、麻優が天然なだけやん！　だけど、お客さんがすかさず「〝こんにちは〟だろ！」ってツッコミを入れてくださって。このときに思ったんです、「これ、お客さんとのコミュニケーションに使えるんじゃないの？」と。それで、どんな大会でも「こんばん

はーっ！」って言っていたら、最初は「〝こんにちは〟だろ！」というツッコミだったのが、次第にお客さんも「こんばんはーっ！」って返す、奇妙なコール&レスポンスが生まれるようになり、今ではスターダム名物の一つ（？）になったと私自身が思っています。だから、これからも叫び続けますよ！

ただ……2019年4月にスターダムがニューヨーク大会を開催したときは、ちょっと失敗しましたね。

日本のまんまのスターダムを届けたかったので、当然、試合後のマイクアピールでは「こんばんはー！」って言おうと決めていたんです。だけど、「ん？　待てよ？　日本語で言って伝わらなかったら意味ないじゃん」と思って、それだったら英語で「こんばんは！」って言おうとしたんです。

それで試合後、いつものようにマイクを持ったら……。

あれ、英語で「こんばんは」ってなんて言うんやっけ？　と一瞬真っ白になってしまって。

あ、夜の挨拶だから……夜はナイトだ！　よし！　って。

それで私の口から出てきたのは、「ニューヨーク、グッナ〜イトッ！」でした。

「おやすみ」って言っちゃってどうするんやって（笑）。

海外での試合は楽しい

海外の話が出たところで、海外で試合をすることについて書いてみましょうか。

第三章でも書いたように、２０１４年5月のメキシコ遠征が初めての海外でした。

それが、ずっと号泣しているような有様で……しばらくはトラウマでした。

本来、人見知りな性格に加えて、海外だと言葉が通じない分、余計に孤独感があって。それに、そのメキシコ遠征で地元の選手と試合をしたときに、けっこうヒドいことをされたんですよ。要はレフェリーの見ていないところで常識外な反則をされて。

私、そういうのはクールに受け流しているつもりだったんです。表情も一切変えないでポーカーフェイスを貫いているつもりでした。だって、そこで私がエキサイトしても相手の思うつぼだし……って、思ってたんですけどね。ある選手から「麻優、アンタ、怒っているときに、顔に出過ぎ！」って言われて。あ、自分って感情ムキ出しなんや～って気付かされたりもしたんですけど……そういうこともあって、しばらくの間、海外で試合するのは好きじゃなかったです。

だけど、いつごろからだろう？　それこそＲＯＨに出場するようになってからかな？　海外で試合することが楽しくなってきたんですよ。

一番の理由は、お客さんの反応ですね。海外のお客さんのリアクションが、嬉しいことに「待ってました！」的なノリなんですよ、今は。やはり、スターダム自体も動画配信サイトをやっていますし、あらゆる方法で私の試合を観たり、情報をゲットすることができたりするじゃないですか？ だから、そういうリアクションになるのかなって。

それで、「海外だから」ということで特別なことをするのではなく（赤のコスチュームは着ましたけど）、日本と同じ岩谷麻優をお見せすればいいんじゃないかと。そう思えるようになってからは海外で試合をするのが楽しいです。

だからといって、海外に拠点を移そうとは1パーセントも思っていなくて。やっぱ日本が好きなんで（笑）。『スターダムの岩谷麻優』として海外に自分の名前、そして、スターダムの名前を広めたいという気持ちはあります。そして、日本のファンのみなさんは海外で何かを得た岩谷麻優を応援していただけたら嬉しいですね！

理想のチャンピオン像

私にとって理想のチャンピオン像……プロレスラーになったら誰でも目指すだろうし、一人前になった証、になるのかな？

チャンピオンとしての自覚が芽生えたのは、やっぱり、初めてスターダムの象徴であるワールド・オブ・スターダム王座（通称「赤いベルト」）を取ってから（２０１７年6月21日、後楽園ホール大会）ということになるのかな。

このベルトは当時、14回の防衛記録を達成していたイオさんに勝って手に入れたものです。嬉しかったですよ、それは。でも、同時に大きなプレッシャーを感じたのもたしかで。

しかも、このとき、私は白いベルトと合わせて二冠王になりました。周囲からは「岩谷麻優の時代がきた！」って盛り上げてもらったのですが、防衛戦で大ケガをしてしまい、そのままレフェリーストップ負けで手放してしまいました。たった3回の防衛戦、しかも3ヶ月弱という短期間で……（この件に関しては次章にて）。

そこから赤いベルトを巻くチャンスはなかなか巡ってきませんでした。

当たり前ですよね、団体の象徴だし、そんなに容易く挑戦できるもんやないし。自分にそう言い聞かせて約2年……。２回目の赤いベルト戴冠まで、それだけの時間がかかったんです。うん、待ち遠しかったし、「やっと会えた」という気持ちだし。嬉しいことに赤いベルトのチャンピオンとして、この本を出すことができます！（２０２０年7月現在のことやからね！　たぶん、大丈夫！　たぶん……）

２回目の赤いベルトを獲得したことで、今だったら理想のチャンピオン像はハッキリと言え

2019年11月4日、後楽園ホール大会で、ワールド・オブ・スターダム王者ビー・プレストリーに挑戦。大熱戦の末に勝利し、念願の赤いベルトを奪取した。(撮影：大川昇)

ます。そして、理想のチャンピオン像は、私にとっての理想のプロレスラー像でもあります。それは「岩谷麻優と対戦した挑戦者が100パーセント引き出したうえで、キッチリと勝つということ」。これは相手の力を100パーセント引き出したうえで、キッチリと勝つということです。それはテクニックはもちろんのことですけど、感情や、それこそ、その挑戦者が背負っているものや人生観とか……試合が終わったときには、すべてを出し切っていてほしいってことでもあります。

私がそう考えるようになったのは、デビューしてからしばらくの間は自分の力は先輩選手に引き出していただいていたものだって、あるとき気付いたからです。とくにイオさんとの試合は、私の力を100パーセント引き出してくれたんですね。

いつの試合だったかな？　もしかしたらタイトルマッチではないけど、とにかくイオさんとの試合で……〝プロレスラーならではの体験〟というか、〝プロレスラーだからこそ体験できる限界の向こう側へ行けた〟ってことがあったんです。

試合中、本当に体が動かなくなるんです。ここで終わりだ……と思う瞬間があります。そこで止まってしまったら、本当に終わり。つまり、3カウントが入ったり、ギブアップして試合は終了になります。だけど……これはみなさんに上手く伝わるかどうかわかりませんけど、〝その先〟があるんです。

闘うたびに成長させてくれたという紫雷イオ。自分の力を限界まで引き出してくれたというイオとの試合は、岩谷麻優のプロレスに大きな影響を与えた。（撮影：大川昇）

簡単に説明すると……やっぱ、簡単には説明できん！　そうですね……「まだ、動けた」という感覚ですかね？　もう無理だと思っていたのに、そこからさらにギアが一段入るというか。限界を超えたところまで闘えて、その結果、試合にも厚みが増すというか……。

イオさんとの試合は、それが毎回、感じられたんです。試合をするといつも限界のレベルが上がっていきました。それは自分自身の実力も上がるということですよね？

だから、イオさんと試合をするたびに私の評価が上がっていきました。でも、それはイオさんの引き出す力によるものです。自分は、とくに最初のころはそこに乗っかっていただけでしょう。ただ、それが自信になったから自分の心もプロレスも成長できたんですよね。

キャリア9年になった今では、自分でその限界の超え方もわかってきました（……本当に感覚的な内容で読者のみなさんには申しわけないです）。だからこそ、対戦相手も〝限界の向こう側〟へ連れていきたいんです。

今、スターダムの選手は基本的に私よりもキャリアが浅い選手ばかりです。

今度は私が相手を成長させなくてはいけないんです。

そうすることでスターダムという団体も成長するじゃないですか？　そして、スターダムの10周年、20周年という未来が見えてくる。

だから、挑戦者が１００パーセント輝けるような試合をできるのが理想の王者像であり、理想のプロレスラー像ですね。ただし、そのうえでキッチリと勝って防衛記録を伸ばすのは、あくまでも、この私、岩谷麻優ですけど。

スターダムのアイコンと呼ばれて

チャンピオンになったり、自分なりに実績を積んできたりして、気付いたら言われていたのが〝アイコン〟でした。

最初は〝スターダムのアイコン〟で、今はおかげさまで〝女子プロレスのアイコン〟とまで呼んでいただいて嬉しい限りです。私自身、プロレスラーにとってキャッチフレーズやニックネームは大切なものだと思います。

たとえば、スターダムを初めて観たお客さんにとって、リングに上がっている選手がどんな選手なのかわからないじゃないですか？　そんなときに選手コールでキャッチフレーズを言ってもらうと「あ、こういうプロレスラーなんだな！」ってわかって、試合が観やすくなりますよね。たとえば、（刀羅（とうら））ナツコの〝女荒武者〟だったら、「ゴツゴツと荒々しい試合をするのかな？」って思うでしょうし、夏すみれ選手の〝戦慄の厚化粧〟に「あぁ、なるほど」と思ったり（笑）。

そして、私、岩谷麻優の〝女子プロレスのアイコン〟ですよ。

そもそも、〝アイコン〟って、いつから呼ばれるようになったんやろ？

以前のキャッチフレーズは〝ハイパーテクニシャン〟だったんです。……懐かしい！　でも、実のところは、このキャッチフレーズはシックリこないなぁって思っていたんです。だって、「私、テクニシャン？」みたいな感じで。

キャッチフレーズについてはGMでリングアナウンサーも担当されていた風香さんが決めていたのかな？　それとも小川さん？　今となってはわからないけど、事前に「じゃあ、麻優ちゃんのことをこんなキャッチフレーズで呼ぶからね！」といった告知があるわけじゃなく、いきなりという感じで。だから、リング上でコールされて初めて知ったし、いつから〝アイコン〟と呼ばれたかって覚えていないんですよ。ただ、「あ、変わった！」と思ったのは記憶にありますけど、それがいつでどの会場かだったかは……知っている方、教えてください。

それで、今だから書けることですが……〝アイコン〟って呼ばれて、「アイコンって何や？」みたいな。はい、知りませんでしたよ、〝アイコン〟の意味を。

だけど、象徴だと教えてもらって「えぇ⁉　私が？」って恐縮しましたね〜。そして、嬉しかったです！　同時に、チャンピオンになることとは別の意味で責任があるなと思いましたね。気が引き締まりました。もちろん、今では胸を張って言えます。

「私がスターダムの、そして、女子プロレスのアイコンの岩谷麻優です！」って。

岩谷麻優にとってプロレスとは？

結局、岩谷麻優にとって、プロレスとは何なのか？

まず、プロレスをやっていて良かったこと……それは〝すべて〟ですよ。

だって、私、プロレスに人生を救ってもらったし、プロレスに出会っていなければ、この約10年間も引きこもりのままだった可能性も大いにあるわけです。それと……私が言うと「岩谷、エラそうに！」とかって思われそうやけど、プロレスって私の人生そのものなんだなって思うことがある。

たとえば、プロレスのルールではロープブレイクというものがあって、技をかけられたり、フォールされている途中でもロープの外に足や手を伸ばせば技をほどいてもらえたり、カウントが止められるんです。

これって、見る人によっては「なに、ロープに逃げてんだよ！」って言うかもしれないけど、麻優は「いいじゃん、ギブアップしてないんだから」って思うんです。

ギブアップするってことは、そこで負けが決定するってことやん？　でも、ロープブレイクは逃げているけど、負けじゃない。勝負を諦めていないってこと。

だから、どんなにみっともない姿でも、必死にロープまで逃げる姿に会場は沸いてくれる。それでブレイクが成功したら、お客さんは大きな拍手をしてくれるんだと思う。必死にやっていれば、誰かが必ず見てくれている。正面から立ち向かうことも重要だけど、ときには逃げてでも諦めないことも大事。改めて書くのはちょっと恥ずかしいけど、そういうことをプロレスから教わった気がするんです。

もちろんプロレスって勝負だから、勝ち負けにこだわらなきゃいけない。一番良いのは、勝ち続けて評価を上げることだってのはわかってる。だけどね、プロレスって勝たなければダメなのかっていうと、麻優は必ずしもそうじゃないと思う。

たとえば、リーグ戦では時間切れの引き分けとかでも点数が入ることがあるのね。例を挙げると、勝ちが2点だったら、引き分けが1点みたいな感じで。点数がある限り、決勝に出られる可能性はゼロじゃないでしょ。

じゃあ、点数が入らない負けがダメなのかというと、それも違うと思う。負けても「名勝負だったね！」ってほめられることもあるんですよ。「負けたっていい！」とは大声では言いません（やっぱ、勝たんとアカンし）。だけど、負けたって、次、勝てばいいじゃん！

私のこの10年の人生って、落差が激しいというか、10年前を思うと今の自分が信じられないときがある。〝成り上がり〟って言葉があるけど、私の場合は〝這い上がり〟やなぁ～って自分で思っています。その這い上がるきっかけがどこにあるのかは、その人によって違うけど、それが私にはプロレスだったわけで。プロレスを好きになって良かったです。

私自身が本気で苦しんだし、今、苦しんでいる方々に対しては軽々しくは言葉にできない。だけど、好きだっていえるものが一つでもあれば、自分を変えることができるんじゃないかな?

もしも、「引きこもり」とかのキーワードで検索して岩谷麻優を知ってくださって、この本を手にされた方がいたら……そうだなぁ～、ほんの少しの勇気を出して、試合会場まで私に会いにきてくれたら嬉しいです！ そこで何かを感じて、プロレスを、岩谷麻優を好きになってくれたら、もっと嬉しい！ それで、その人の人生にほんの少しでも何かしらの影響を与えることができたら、プロレスが人生そのものだって思える私にとっては、これ以上に喜ばしいことはないです。

【ある日の編集会議より】岩谷麻優、謎に包まれたプライベートを明かす！

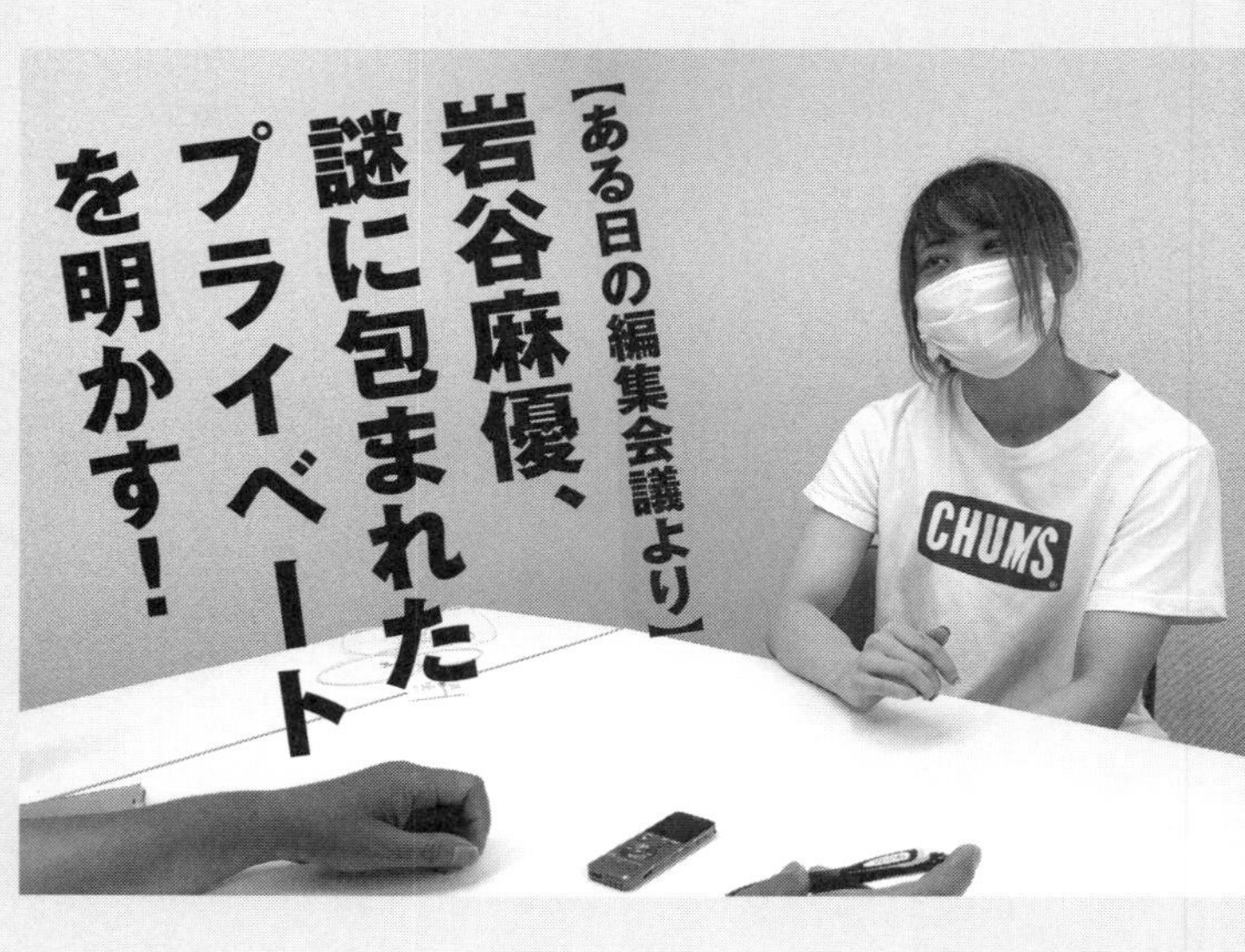

本書を制作するにあたって、ページの構成や内容のすり合わせをする……いわゆる企画会議を著者、編集担当者、構成担当者の3人で何度か行いました。その中でチラリと見えてきたのが岩谷麻優の、ひとりの女性としてのプライベートや恋愛観……かもしれない。と、いうことで、ある日の企画会議を再現してみました。

オフは寝てばかり、意外と寂しい私生活

構成　それでは『岩谷麻優です。みなさん、こんばんはー！』（仮）の企画会議を始めたいと思います。

岩谷　ちょ、ちょっと待ってください。本のタイトル、『岩谷麻優です。みなさん、こんばんはー！』なんですか？

編集　安心してください。あくまでも（仮）です。それでですね、本を作るにあたって岩谷さんのプライベートな部分も反映したほうがいいのではないかと。

岩谷　なるほどなるほど。

構成　岩谷さんって、SNSでもプライベートをそん

なに公開しないじゃないですか？

岩谷　あ～、そうかもしれないですね。

構成　だからこそ、そういう一面を見せることができたらファンの方も喜ぶのではないかと。

岩谷　でも……麻優、プライベートって何もないけん。

編集　たとえば休日はなにをされていますか？

岩谷　え～……う～ん……。ホンマに休みの日って何もしてへんわ～（笑）。取材とかで服が必要なとき以外はショッピングにも行かないし。そもそも、こっち（東京）に仲の良い友達がおるってわけやないし……。

編集　いきなり寂しい展開にしないでください（苦笑）。

岩谷　基本的にオフは寝ていますし、犬や猫たちと過ごすのが幸せで……。あ！　そうだ！　最近はこの本の原稿書いてました！

構成　模範的な答えだな～。

岩谷　いや、だってこの半年間そんな感じでしたもん。そもそもツイート500回分くらいって話だったのに、とんでもないじゃないですか！

構成　いや、そう言うことで背中を押したんです！　そういえば、〝岩谷麻優〟はリングネームですよね？

岩谷　なんか話を違う方向へ持っていってませんか？　一応、本名は非公開なんやけど某ウィキには出てます（笑）。漢字が違うだけでリングネームと同じ岩谷〝マユ〟ですが……。一応、非公開ってことでカタカナ表記にしといてください。

構成　その本名の岩谷マユさんに戻るときってどんなときですか？

岩谷　もうずっと〝岩谷麻優〟です！　プロレスラー・岩谷麻優が素というか、作ったキャラではないから、素に戻るとかそういう感覚はないんですよ、私。最近は地元に帰ることも少ないので、それも本名の岩谷マユが薄れていってる理由かも……って、本名が薄れるって変な表現ですか？

構成　いや、岩谷さんらしくて良いと思います！

音楽や絵画に興味あり 芸術肌な岩谷麻優

編集　なるほど。普段の岩谷さんのことをもう少しお聞きしたいのですが、たとえば趣味とか……。

岩谷　趣味、ですか……うわっ！　麻優、それもないですよ！（笑）

構成　一時期、楽器にハマっていませんでしたっけ？　ベースとかギターとか……。

岩谷　あ～、ベースは一瞬、ハマりましたね。でも、いまは一切触ってません！　で、ギター！　ギターは押さえられないコードがあったんですよ。全部、弦を押さえるやつ……。

構成　F、ですか？

岩谷　まさに、それ！　それですよ。Fを押さえられなくて挫折しました（笑）。なんか、ギターを弾けたらカッコイイなって思って。私、何でも0か100なんですよ、行動が。たとえば、パソコンも欲しいって思ったら、速攻で買いにいって。いまはスターダム事務所でスタッフさんに使ってもらってますが（笑）。それで、ギターを買って。でも、Fコードを押さえられず。だったら、弦が少ないベースはどうだって……。

構成　そういえば、スニーカーを収集していましたよね？

岩谷　はいはい、けっこう買っています！　そうか～、スニーカー集めは趣味かもしれん！　ただ、履かなくなったやつは後輩にあげたり、捨てたりしてるからコレクションってほど持ってなくて……。

編集　ファッションもスニーカーに合う感じのものが多いですか？

岩谷　そうですね～、締め付けられるのがイヤなんでラフなのが多いです。普段はデニムにパーカー、みたいな。で、試合の日は基本的にジャージですね。ただ、最近、人前に出ることも多くなっているので、そういう場に出る用の服装も気になるし、揃えています。

構成　王者の自覚ですね？

岩谷　そうですね……っていうかですね、普段、スッピンとかラフな服装のときに限って、ファンの方にバッタリ会ったり、「岩谷さんですか？」って声をかけられる率が高いので気をつけなアカンって（笑）。

編集　声をかけられるから、街を歩いていても気が抜けないですね。

岩谷　いや、ファンの方だから麻優だってわかるわけで、普段はバレるってないですよ。……あ、そういえば、私、ここ数年、同じ美容師さんに髪の毛をカットしてもらっているんですけど、人見知りゆえに「カット中は話しかけないでください」ってお願いしているんです（第四章参照）。だから、美容師さんは私の素性を知らなかったんですけど、『Number』に載ったのを見たらしくて。先日、「岩谷麻優さんですよね？」って、数年かけてバレたという（笑）。まぁ、それはそれでどうかなって思うし、もっと知名度を上げていかないと……って実感しています。

編集　この本がその手助けになれば幸いです。

岩谷　そうですよね！　がんばって楽しい本にしますよ！　あ、そうだ！　興味あることがあります！　絵！

これが噂のコスチューム原画だ！

編集&構成　え？

岩谷　いや、シャレやなくて。

構成　いや、だって、岩谷さんといえばコスチュームを作るときのご自身が描かれる原画（※左上）が、いろいろな意味でスゴイって噂じゃないですか？

岩谷　いや、あれは……（笑）。

編集　一時期、Twitter でSTARSの選手のイラストとかをアップしていましたよね。あれって、何を使って描いていたんですか？

岩谷　あれはスマホのアプリです！　絵は本格的にやってもいいかな。アプリじゃなくて、筆と絵具とかを使って描いてみたい。

得意料理はこだわりのエリンギ入りうどん

構成　Twitter といえば、岩谷さんのSNSを見ているとときどき食事の様子もアップしていますよね。職業柄、やっぱり食事には気を使っているんですか?

岩谷 ああ~、実は食事にもあまりこだわりはないんですよね。まず、自炊しないですね、ほとんど。家で作るとしても、うどんだけやし……。あ、でも、ひとつこだわりがあって。必ずエリンギ入れます!(ドヤ顔)

編集 いや、ドヤ顔されても……。

岩谷 で、箸で持ったらちぎれちゃうくらいにうどんを柔らかく煮るんです。だから、人には食べてもらえないような見た目かもしれん。

編集 後輩と外食に行ったりはしないんですか?

岩谷 う~ん……後輩と一緒ってないですね。あまり人望がないんですかね?

編集&構成 わかりません!

岩谷 そもそも食べることに興味がなくて、焼き肉屋さんではタン塩しか食べないし、某定食屋さんではチキン南蛮定食しか食べないし……。あ、こだわりがあるとすれば、自分の好きな物以外でお腹をイッパイにしたくない! いろんなものを少しずつではなく、それだけを食べたい派なもので……。

編集 あと、こういった本で定番なのが対談ですね。どなたか対談されたい方はいますか?

岩谷 そうだなぁ~、まず、私の恩人の風香さんは、ぜひ!

編集 たしかに! きっと本には書かれていない岩谷さんが明かされると思いますし。

岩谷 もしかして、それって、私、不利ですか?

構成 なんか秘密を握られていますか?

岩谷 ……(無言)。

構成 黙っていると怪しいです。

岩谷 たしかに、この10年の麻優を知っているのは風香さんだけなので、もしかしたらとんでもない話になるかもしれん(笑)。

編集 選手ではいますか?

岩谷 同じSTARSの(星輝)ありさちゃん(2020年5月に引退)だとありきたりだし、飯田さんと飛び道具過ぎるし(笑)。あ~、1人、興味がある選手がいましたよ! 本が出るころには一般人ですけど、花月! いや、引退しているので花月さん! 麻優のことをどう思っていたのか気になるし、今だからこその話も聞けそうやし……。

編集　それは良いと思います。ファンの方も興味があると思いますし。交渉してみます！

お年頃、岩谷麻優の理想の恋愛とは？

構成　あと、芸能人とかでは対談してみたい人って、います？

岩谷　ジャニーズ系は無理やろうし……。

編集　岩谷さん、ジャニーズ、好きなんですか？

岩谷　ジャニーズWESTの桐山照史（あきと）くん！　あのカッコよさはヤバイですよ！　めっちゃ恋してます！　ファンクラブに入ってないからライブには行けんけど、DVDはコンプリートしてます！

構成　意外でしたね、若い人が好きとは……。っていうのも、岩谷さん、〝おじさま専門〟って噂が……。

岩谷　あぁ～、それ、週刊プロレスさんのバレンタイン企画で「父親のような人がいい」、「60歳でもいい」って答えた話が大きくなってしまったという……。その60歳云々は、ちょうどそのころ、小川さんが還暦を迎えたんで、たぶん気を遣ったんやと思います（笑）。でも……やっぱ、若い子よりは年上の大人の男性がいいかも……。だから、〝おじさま専門〟はあながち嘘ではないですね。

構成　「理想の恋愛」ってあります？　っていうか、その前にお伺いしますけど、スターダムって〝恋愛ＯＫ〟なんですよね？

岩谷　はい、ある程度のキャリアがあれば恋愛はＯＫなんですけど……理想の恋愛ですか？　たとえるならば、（中野）たむちゃんのような男性がいいかも。たむちゃん、常に「麻優さん！　麻優さん！」って感じで寄ってきてくれるじゃないですか？　私、犬タイプの男性がいいんです。

構成　尻尾を振って、喜んで近付いてくるような？

岩谷　そうです、そうです！　なんか、ツンケンされると「嫌いになっちゃったの？」って心配してダメになるんです。だから、寄り添ってほしいし、「麻優がいないとダメなんだよ」って言ってほしいし、依存してほしいくらいで……。結果、私、けっこう〝ダメ男製造機〟って言われるんですよ（笑）。

構成　どちらかといえば、岩谷さんが甘える側かと思っていました。

岩谷　あぁ、甘えるのも好きですよ。それこそ、年上には。ただ、甘えたいには甘えたいんだけど、依存もしてほしい、みたいな。あと、ハッキリと「好き」って言ってくれる人じゃないとイヤなんですよ。で、おじさま世代のほうが「好き」って言ってくれる人が多いんですよ。

編集　それは〝岩谷調べ〟ですか？

岩谷　多いっていうと誤解がありますよね。そんなに経験はないです（笑）。でも、おじさまの方が、ちゃんと言葉にして伝えてくれたなぁ～、みたいな。若い人は言葉にするのが恥ずかしいんですかね？

構成　いや、自分はオジサンなのでわかりませんが……。

岩谷　麻優と同世代だとLINEとかで告白するケースが増えてるんですよ、周りを見ても。だから、ちゃんと言葉で「好きだ」って伝えてくれるのはおじさまってイメージがあります。それで、「好き」って言ってくれるおじさま世代が好きだと。

スターダムのアイコン禁断の恋愛トーク

構成　答えられなかったらスルーしてもかまいませんけど、プロレスラーになってから恋愛は……。

岩谷　してますよ！　もちろん、オフレコじゃなくても大丈夫です。

構成　しかし、いたとしても人前に出る仕事ゆえにデートとかするのが難しいですよね？

岩谷　いや、しますよ、普通に。彼氏なんだからデートしたって変じゃないし、そこら辺は気にしないです。なんなら、ケンカもしますよ、デート中に。で、それをファンの方に見られていたり（苦笑）。

構成　え？　マジですか？

岩谷　本当ですよ。でも、ケンカはファンの方に見られるよりも、うちの某選手に見られたときの方が恥ずかしかった（笑）。それも、駅でかなり激しめのケンカをしているところを反対側のホームで目撃されるという……。

編集　そういえば、ロッシー小川さんの出版イベントで岩谷さんにゲストできていただいたとき、「彼氏ができたら小川さんに紹介します」って言ってましたけど……。

岩谷　あぁ～、言いましたね。紹介できるチャンスがあればしますし、できたら報告します。それで、結婚を考えていますとか……。

編集&構成　え？　結婚？

岩谷　はい、結婚を考えたこともありますよ。これも隠さなくて大丈夫ですよ、結局、その人とは別れて結婚しないで今に至る、だから（笑）。

構成　そういえば、16歳で結婚するって願望があったんですよね？

岩谷　うん、16歳で結婚して17歳で子どもを産んで……という、まぁ、少女のころに描いた夢ですよ。やっぱり、風香さんや陽子さんが会場に子どもを連れてきてるのを見ると可愛いって思っちゃいますよね。でも、それが遅れに遅れて今、27歳。彼氏なしという（苦笑）。

構成　言い切りましたね～。と、いうか、岩谷さんの場合、ペットも関係あるのでは？

岩谷　図星です。彼氏がいなくても寂しくないんですよね。それで、好みが「麻優～！」って寄ってきてくれる犬タイプじゃないですか？　うちの場合、家に帰ると犬が真っ先に寄ってきて、飛びついてくれるので満たされちゃうんですよ（笑）。よく、犬を飼っている独身・一人暮らし女性は婚期が遅れるっていうじゃないですか？　そりゃ、そうだよな～って実感しています。いや、笑うしかないですよ（笑）。

編集　それでは、結婚願望は……。

岩谷　（食い気味に）メチャクチャあります！　今すぐ、それこそ、明日にでも！　良き人がいたら、付き合ってる期間なんて関係ないと思うんですよ。だから、私の場合、電撃婚があるかもしれないです。いきなりリング上で発表する可能性もあります。まぁ、それ以前に出会いがないんですけど……。

編集　プロレスラーってモテるんじゃないですか？

岩谷　いや、女子プロレスラーってマジでモテないですよ！　プロレスラーって強いじゃないですか？　で、男性って女性を守ってあげたい願望が少なからずあるじゃないですか？　そうなると、女子プロレスラーはモテん！　マジで！

編集　そんなに切実に訴えなくても……。

麻優　そもそも男性との接点がないわけですよ。まず平日は道場で練習。週末は試合。試合の翌日はオフになりますけど、それって平日でしょ？　これじゃぁ、接点が生まれるワケがない！　後輩からは「麻優さんみたいなトップ選手になると絶対にいい人がいますよね！」とか「出会いもたくさんありますよね」、「オフはデートですよね？」って言われるんですけど……そこまで言われて切ないわ！　空しいわ！（笑）

構成　試合でも見せたことがないほどムキになってます……。

編集　逆に後輩選手にそう思われているってことは、男性からも「岩谷さんはもう彼氏がいるでしょ？」って思われているんじゃないですか？

岩谷　そうなんですか？　う〜ん……そんなことないのに。ホンマに出会いがない人生（笑）。

構成　自分から出会いを求めないんですか？　たとえば合コンに参加してみるとか。

岩谷　岩谷麻優史上、今まで合コンの経験なし。これ、マジですよ。っていうか、合コンってどうやったら誘われるんですか？　だって、お医者さんとかいるんですよね？

構成　〝だって〟って……その発想、我々が「合コンにはCAさんがくるんですよね」というのと同じです（笑）。

岩谷　そうなんか……。ただ、私の場合、知らない人が多いと緊張しちゃうし、合コンは無理かな〜。はぁ、でも出会いはほしい……（切実）。企画で素敵な出会いが起こりそうなやつってないですかね？

編集　考えておきます。が、期待しないでください。

岩谷　お〜い！（笑）

構成　今回の企画会議、そのまま紙面にしても大丈夫ですか？

岩谷　もちろん、OKですよ！

構成　それでは『岩谷麻優です。みなさん、こんばんはー！』の企画会議を終わります。

岩谷　え！　マジでそのタイトルになるんですか？（仮）が取れてるし（笑）。

（了）

【緊急企画】

アイコンの素顔に迫る50の質問

「編集会議」にて、自身のプライベートを赤裸々に語った岩谷。さらなるホンネに迫るべく取材陣は50の質問を用意。見えてきたアイコンの素顔とは？

01 好きな色は？
水色と赤が好き!!

02 好きな場所は？
家！　とにかく家に引きこもる！

03 好きなスポーツは？
もちろんプロレス！　でもテニスとかも好き！

04 好きな食べ物は？
いまはハンバーグ！　ジムのトレーニングで食事制限中なんだけど、お腹が空いたらいつも頭に浮かぶので！

05 苦手な食べ物は？
パクチーとか謎な香辛料系のやつ！

06 好きな飲み物は？
外食だとコーラしか飲まない！　家だと水とプロテインしか!!!

07 好きなお酒の種類は？
こう見えてお酒嫌いです。付き合い程度に飲むならカシスウーロン。でもすぐ酔いますね。

08 好きなラーメンの種類は？
ラーメンかぁ、ラーメン食べるならうどん食べるな～!!

09 好きな寿司ネタは？
ウニ！ エビ！ マグロ！ ツブ貝！

10 カラオケのレパートリーは？
いろいろ歌うけど基本的に一人カラオケでしか歌わないです!!

11 カラオケで誰とデュエットしたい?
基本、人前で歌うのは嫌やけど、桐山照史さん（WEST.）となら一緒に歌ってみたい♪

21 試合後の自分へのご褒美は？
大きい会場で活躍したときにルイ・ヴィトンのバッグを買いました！

22 自分の〝ここをほめてほしい〟というところは？
技がきれいなところ、試合中の表情、ぜーんぶほめられたい！　ほめられて伸びるタイプなので！（笑）

23 自分のチャームポイントは？
低い鼻、八重歯かなぁ？

24 自分の〝ここを直したい〟というところは？
鼻を整形したい（笑）。もっと鼻高くなりたいよ～

25 苦手なことは？
料理！　料理だけはぜんぜんできん。

26 1日だけ男性になったら何をする？
スターダムの試合見に行く！　男目線で見て推しを探したい!!

27 もしも男性だったらスターダムの選手の誰を彼女にする？
んー、たむちゃんかな!!

28 もしもスターダムの選手が男になったら誰を彼氏にする？
鹿島沙希かなぁ！　裏切られたけど。

12 バンドをやるとしたら、やりたいパートは？
ベースやりたい!!　最近ちょいちょい練習再開しました＾＾

13 憧れの人は誰？
北川景子、深田恭子、石原さとみ

14 1日だけ誰にでもなれるとしたら誰になる？
ジャニーズWESTの桐山照史君！

15 1日だけ他の職業に就くとしたら、どんな仕事をする？
んー。キャバクラ嬢はやってみたい！

16 座右の銘は？
人生適当

17 好きなことわざは？
猿も木から落ちちゃった

18 好きだった科目は？
国語めっちゃ得意やった！　逆に数学がめっちゃ苦手！

19 好きな香りは？
自分の香水の香り

20 愛用の香水は？
ルラボってところの、自分が好きな香りを配合して作ってます!!

35 無人島に一つだけ持っていくとしたら何？

ライター！　火起こし大事‼

36 告白したい派？　されたい派？

されたいーーーー‼

37 理想のデートコースは？

お買い物デートに行って、あとはお家でまったりかな。

38 付き合ってから結婚までどれ位の期間が必要？

期間は関係ないかなぁ？　1ヶ月とかでも全然大丈夫！

39 彼の浮気現場を見てしまったらどうする？

「どこで知り合ったの？」「いつから？」「何回くらい会ったん？」って質問責めして、相手の人帰らせて、ゆっくり話を聞く。

40 別れは自分から切り出す方？彼から切り出される方？

けっこう自然消滅が多いです！　お互い連絡をしなくなって……。

41 失恋からの立ち直り方は？

仕事が忙しかったら考える時間減っていくだろうから、考える暇もないくらい忙しい日々を送りたい。そしたらいつのまにか忘れてるかな？

29 1日だけスターダムの他の選手になれるとしたら誰を選ぶ？

小波かな？　自由で人生楽しんでそう！

30 ある朝、起きて、ロッシー小川になっていたらどうする？

嫌だな～。速攻病院行って治るのか検査してもらう。

31 ある朝、起きて、飯田さんになっていたらどうする？

飯田さんかぁ～、とりあえず筋トレしてみる！　事務所に行っていつまで中身が麻優だとバレずに過ごせるかやりたい。

32 他の選手の入場テーマ曲で好きなのは？

星野唯月の入場曲好き‼

33 コスチュームを忘れました。誰のを借りたい？

実際これけっこうあるんですよね～！
ニーパットとかパンツのベルトとか。
全部忘れちゃったらか‼　う～ん……
たむちゃんのとか着てみたい‼

34 別のリングネームに変えるとしたら？

えー、全然考えられんのやけど‼
お母さんの彼氏の前田から取って、
「前田麻優」かな（笑）。

42 デートに着ていく勝負服は？

基本的にデートだろうが、私服でのお仕事だろうが、パーカーが好きなので結構ラフな服を着がちです！

43 最近一番嬉しかったことは？

自伝が発売されることが嬉しい！

44 最近一番笑ったことは？

飯田沙耶！　本当に面白い！

45 最近一番美味しかったものは？

鍋に白米‼

46 最近一番ムカついたことは？

理不尽な人にムカついたー（笑）。

47 今後、やってみたいことは？

初の自伝なので発売イベントやりたい‼　あと結婚したい！　まあ相手おらんけど。

48 これからのスターダムのドコに注目してほしい？

やっぱり試合！　選手のメディア露出もこれからどんどん増えるだろうし、今までスターダム見たことないって人も多いだろうから、まずは会場で試合を見てみようって思ってもらえるようにがんばりたい！　見てもらえたら、絶対にきてよかったって思ってもらえる自信があるので‼

49 これからの岩谷麻優のドコに注目してほしい？

スターダムのアイコンから女子プロレスのアイコンになれるように、ガンガンプロレスラーとしてもっと顔になっていきたいです‼

50 最後に一言！

まさかの一番初めに辞めそうだった貧弱ポンコツ人間が、ＭＳＧでたり東京ドームでたり、誰もが想像してなかったこと‼　この自叙伝もよ‼

自分の本とか出せるとは思っとらんかったわ！　今までたくさん逃げてきたけど辞めなくて良かった。これからもスターダムから目を離さないでね～！　岩谷麻優はファンの方がいて輝けてるので、これからもたくさん振り回すかもしれんけど麻優についてこーーーーーーーいっ（＾ｖ＾）‼

第五章　真のスターダムのアイコンへ

年明け早々に訪れた激震

永遠だと思っていたイオさんとのタッグ「サンダーロック」が呆気なく終わって、まさかというかまさか過ぎて、自分自身の心の糸も切れてしまった2016年終盤でしたが……。

イオさんが私を裏切ったのは、「独り立ちしろよ」っていう私へのメッセージだったということ。そして、リングに戻ってきたHZK（葉月）、まだ若手だった（渡辺）桃、さらにキッズファイターから脱却しようとしていたAZM（あずみ）ちゃんを後に合流させて新しいユニット「クイーンズクエスト（QQ）」を結成した理由も自分なりに「そうなのかな？」と思ったのが、2017年の、まだ肌寒い時期でした。

誰からだったんだろ？　もちろん、本人ではないし、今となってはいつのことかはっきり覚えていないんですけど、2017年に入ってからです。イオさんが海外の団体へ移籍するという話が入ってきたんですよ。

聞けば、その前年、つまり2016年の秋から話があったと。

あ、これって、私が落ち着き始めたというか、堕ち始めたころじゃん！

ふと、そう気付いたんですよ。

そして、自分の心の中の整理ができたんです。イオさんの裏切りと「サンダーロック」の解散は私へのエール、叱咤。そして、戻ってきたばかりの葉月や若手だった桃やＡＺＭを一人前にするために「クイーンズクエスト」を結成したんじゃないかな〜って。つまり、イオさんはスターダムの将来のことをしっかりと考えてくれていたんだと。

だからでしょうか。私、イオさんが海外へ行くって聞いたときに「やった！　良かった！」って嬉しかったんですよ。寂しさが1ミリもなくて、嬉しさしかなかったんです。サンダーロック時代、イオさん自身からいずれは海外で活動したいという話を聞いたこともあったし、それが叶うってわかって「イオさん、良かったですね！」って心から思えた。

マジで自分のことみたいに嬉しかったですよ、夢が叶うんですから。そのときは敵対していたから直接は言えませんでしたけど、心の底から「いってらっしゃい！」って言えたし、同時に「やっぱり、岩谷麻優がしっかりせんと！」という気持ちになれたんです。

と、思ったら、激震はこれだけじゃなかったんですよ。

イオさんだけではなく、宝ちゃんも海外へ……という話が入ってきて。こっちの話は「えぇ？」みたいな。驚きしかなかったというか、寝耳に水って言うんでしたっけ、こういうの？　合ってる？

まぁ、とにかく驚きましたよ。だって、宝ちゃん、それまで一度もそういう素振りを見せたことがなかったから。もしかしたらタッグパートナーだった陽子さんには話していたかもしれんけど、私はなにも聞いていなかった。だから、発表の前にトライアウトを受けていたことを知ったときとかは……。もちろん、自分が輝ける場所を目指すのは素晴らしいことだけど、少しは話してほしかったっていうのが正直な気持ちでもありました、当時は。

今、アメリカのリングで活躍している姿を見ると「良かったね！　スターダムは任せて！」って思えますけどね。

そして……宝ちゃん、結婚おめでとう！　末永くお幸せに！

岩谷麻優に〝オファー〟はあったか？

こんな感じでスターダムから2人の選手が抜けてしまったんです。

当時はイオさん、宝ちゃん、陽子さん、そして私がトップ4で〝四天王〟なんて言われていましたけど、一気にその半分になってしまうわけですから、第三者からすると大変なことですよね。実際に私の耳にも「今度こそスターダム、ダメなんじゃね？」なんて言葉が入ってきましたけど……。私自身は「またか～」という気持ちと同時に「でも何とかなるやろ！」としか思わなかった。いや、このときはイオさんの気持ちもわかったし、「麻優がなんとかしてやる！」って気持ちが湧いてきたんです。

そうそう、この2人が海外へ行くという報道がされたときに「岩谷麻優にもオファーが届いている」と報じた媒体さんもありました。しかも、一部では「だけど、岩谷だけは断った」的に書かれたんですけど……。

まず、オファーはあったのか？　いろいろな事情があるので明言はしませんが、なきにしもあらず、って感じかな？　ただ、内容は書かれていたこととはかけ離れていましたけど。いまは海外で試合をするのも好きだけど、当時は海外志向はまったくなかったですし。まあ、いまもスターダムのリングに立っているっていうことが答えじゃないですかね。

さて、結果としては2017年は宝ちゃんだけがアメリカに行くことになって……。

私の中ではイオさんが先に行けなかったことが残念に思えたんですね。自分のことのように、無念というか……。だけど、そのときはクイーンズクエストと対立していたわけで。まだまだイオさんと対戦できるぞって、前向きに気持ちを切り替えました。

そんな姿勢が良かったのかな？

なんと、2ヶ月連続でシングルのタイトルを獲得したんですよ！

まずは5月に宝ちゃんが持っていた白いベルト、ワンダー・オブ・スターダムのタイトルを。

翌6月にはイオさんが持っていた赤いベルト、ワールド・オブ・スターダムのタイトルを奪取して団体初の赤・白ベルトの同時戴冠となりましたが……。そうです、相手はアメリカへ行くと言われていた2人ですからね。「これからのスターダムには岩谷麻優がいるんだ！」って思って試合をしていましたね。

二冠王からまさかの転落

二冠王になって充実し、試合にやりがいを感じていたのもつかの間、6月に宝ちゃんが退団。イオさんも6月末から負傷で欠場に入ってしまいます。

まさか、イオさんまで離脱とは……と思いつつ、「あ、これはきたるべきときのためのシミュレーションかな？」って。イオさんも近い将来、海外へ行くのはわかっていたから、ある意味でスターダムの未来図を見せるチャンスでもあると思ったんです。

このときは陽子さんもいたし、若い子たちも育ってきた。そして敵対する大江戸隊では花月が幅を利かせていたし、外国人選手も充実していたから悲愴感は一切なかったんです。私自身もトップだという自覚が芽生えてきて。思えば、二番手、いや、三番手気質で、いつまでも末っ子感を丸出しだった私が、ですよ？　やっぱり、責任感が人を変えるんだな〜って思った。

2017年6月21日・後楽園ホールで赤いベルトを賭けて王者・紫雷イオに挑戦。意地と意地がぶつかり合う名勝負の末、イオ超えを果たした。（写真提供：スターダム）

あとは、「こうしたい！」という想いですね。スターダムを良くしたい！　そんな責任感が私を強くしたんだろうな～。数年前まではポンコツ呼ばわりされて、何度も諦めかけて。それでも「プロレスラーとして、こうありたい！」って思い続けたから、ここまでくることができて。もう心は折れない！　そう思ったし、実際にそうなれてたんですよ、いま、振り返ってみると。

二冠王になりました。団体初の赤・白王座同時戴冠です！

でも、そう言ってられたのも実は3ヶ月だけだったんです。その間、さまざまな選手が私のベルトに対して挑戦をアピールしてきました。そのときは「岩谷麻優、モテ期で～す！」って余裕をぶっこいていたんですけどね（苦笑）。

実際に何回かタイトルマッチをやって、勝って。二冠王としての自覚やプライドも日に日に増していったのですが……。

9月にとんでもない対戦カードが組まれたんですよ。

まず、23日の大阪大会で白いベルトを賭けた美闘陽子戦。そして、この試合に勝ったら翌24日の名古屋大会で、まず白いベルトを賭けてのジャングル叫女戦。さらに、赤いベルトをかけてのトニー・ストーム戦が発表されました。

初日に勝ったら2日間で3回の防衛戦（24日はダブルヘッダー）をこなすことになります。大変だなぁ～って思いましたよ。だけど、「ここで全部勝ったら、岩谷麻優、スゴイんじゃ

2017年9月23日・大阪市立東成区民センターでワンダー・オブ・スターダム王座防衛に失敗。同じ一期生の美闘陽子にベルトを明け渡した。（写真提供：スターダム）

ない？」って気持ちのほうが大きかったんですよ。なんなんだ、この前向きさは！（笑）。

だけど、その余裕が……岩谷麻優、つまずいてしまいました……。

まず、23日の美闘陽子戦。

自分としては、かなりの接戦だったと思います。

陽子さんが復活したころはデビューしたときの輝きを知っていたし、「こんなもんじゃないですよね？」って思っていたけど。そこから1年で「やっぱり美闘陽子だな」と感心するくらい強さを取り戻していて。だけど、麻優だって、ずっとスターダムでやってきたけん。負けるわけにはいかん！　という気持ちで戦っていました。

試合の終盤、相手の必殺技を喰らわないように警戒して、何とかしのいで。それで、いざ反撃しようとしたときにモロにカウンターで蹴りをもらった……のかな？　よう覚えてないわ。だって、その後、カカト落としを連発で受けちゃって必殺のBドライバーで負けてしまったから。

この時点で残るは赤いベルトのみ。

その防衛戦が翌日行われました。前日に負けたことは、ひとまず忘れて。むしろ、もしかしたら2試合することになっていたので、1試合だけになったから集中できる！　そんな感じで前向きになっていたんです、会場入りまでは。

そして、入場するまで自分の勝ちは見えていましたよ。

だけど……リングインして「あれ？」みたいな。

スターダムって大会ではリングをレンタルするんですね。だから、大会によってリングが違います。

その日のリングは……プロレスラーにしかわからない感覚だと思いますが、〝マットが跳ねる〟な……みたいな。スプリングの関係だと思うんですけど、とにかく私自身の足、踏み込んだときの感触と合わないぞ、って。走っても身体が必要以上にボヨヨ～ンって弾むというか。

2017年9月24日・名古屋国際会議場イベントホールでの赤いベルトをかけたトニー・ストーム戦。低空ドロップキックを放つも直後に悲劇が襲う。(写真提供：スターダム)

そうすると、自分が思っている歩幅で走れなくなります。

それが試合開始1分くらいでわかったので、それからずっと違和感しかなくて。

あとは、やっぱり、メインで団体の象徴である赤いベルトのタイトルマッチって、やっぱり緊張感を伴うんです。とくにトニー・ストームのような外国人選手の場合、来日している間の試合しか見ることができないから、いつも参戦している団体所属選手と違って研究する時間が極端に少ないわけです。そこに少なからずのプレッシャーもありました。

試合開始から2分が過ぎたころのこと。

私がセカンドロープとサードロープにもたれかかったトニーに低空のドロップ

キック、私は『突っ込みキック』と呼んでいますが、その技を出すためにロープに走ったら……足元に気を取られていたんでしょう。

ドロップキックを打つとき、踏み切りのタイミングが一瞬わからなくなったんです。それでも踏み込んで飛んだ瞬間、トニーが自分が思っていたのとは違う場所にいるのが見えたんです。しかも、トニーが突っ込みキックをかわしたのも見えました。

その飛んでいる間って、おそらく1、2秒しかないけど「これは的確に当たらない。いや、ロープに直撃する。だから、着地のときはそれ用に受け身を取らなくちゃいけないな」と瞬時に判断して。

それまでにも、この技は何度かかわされているので対策はわかっていたんです。誰もいない場所に突っ込みキックを打ち込んだ場合、ロープとロープの間に足をすり抜けるようにしてダメージを最小限に抑えるべきなんです。だけど、このときは足がロープに触れたんですね。だから、その反動で左手を変にマットについてしまって。そのマットもスプリングの効き方がいつもとは違うので、つくタイミングも失敗して……結果、左肘の脱臼です。

響き渡る悲鳴、静まり返る会場

実は脱臼した瞬間、大したケガだとは思っていなかったんです。

痛いのは痛かったけど、試合中だし、似たような痛みは何度も経験しているし、けっこう冷静だったんです。

だから、一度体勢を整えようとしてエプロンサイドをゴロゴロって転がって場外に逃げようと思いました。一呼吸置いてから反撃するぞ〜！　最初はそういう気持ちだったんですけど、すぐそばの本部席に座られていた風香さんが私を見て、「ヤバイ！　麻優ちゃんの骨が！　骨が！」って叫んで、青ざめた表情で口元を押さえているんですよ。

この時点で私、自分の肘を見ていないんですね。だけど、風香さんの叫び声がすごく大きくて、「え？　もしかして、私、ヤバイの？」って、ここからパニックになってしまって。「え？肘、どうなってんの？」、「骨、折れてんの？」って。

それでも立ち上がったら、立っていられないほど痛くて。すぐにレフェリーの村山大値（だいち）さんもリング下に降りてきて試合をストップさせたのですが、今度はパニックの中で痛みを感じると、変に冷静になったんです。

そのとき、私は試合はノーコンテストになるんだろうと思っていて、せっかくのメインの試合を2分20秒で終わらせてしまったことでお客さんに申しわけなくって。チャンピオンとして「今日はこのような結果になってしまい、申しわけありません。すぐに治して次はもっとすごい試合をします！」って伝えたかったんです。いや、チャンピオンとしてそうするべきだと思いました。

だから、セコンドに「マイクを持ってきて！」ってお願いしていたんです。そうこうしているうちに試合結果がレフェリーストップによる私の負けだとアナウンスされて。私はタイトルを失ったんですね。もちろん、それが的確な判定だってことはわかっているけど、その瞬間まで私はノーコンテストだからタイトル防衛だろうって勝手に思っていたから……。私の頭の中で「痛い」、「大会を締めなくては」、「タイトル移動って、どういうこと？」っていう3つのことがぐるぐると暴れ回って、ついには爆発して。ここからは本格的なパニックになるしかありませんでした。

会場は異様な雰囲気に包まれましたね。ドン引きの極みという感じでした。

まず、お客さんが戸惑って、会場がシーンとなってしまったんですね。おそらく、多くの人が何が起きたかわからなかっただろうし、試合がいきなり終わったから「なんだ？」って。それで場内には、私の「痛い、痛〜い」ってうめき声が響き渡っているという……。

私は「すごい受け身を取るけど、ケガをしない岩谷麻優」って言われるのが自慢だったのに、こんな結果を招いてしまった恥ずかしさから泣くしかなくて……そのまま病院直行ですけど、ここでも大騒ぎでした。

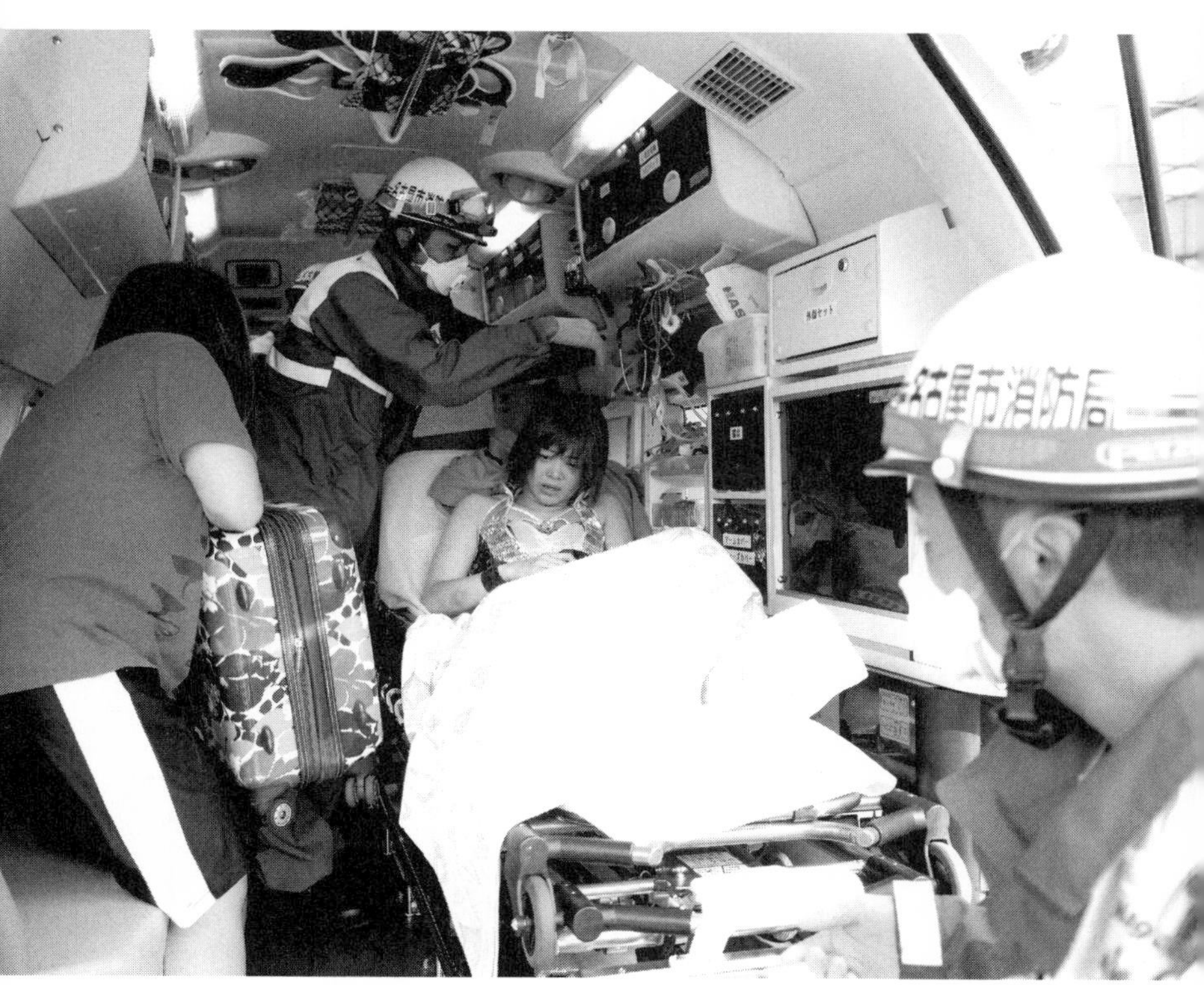

無念の表情で会場から救急搬送される岩谷麻優（写真提供：スターダム）

とにかくパニック状態で冷静な判断ができないんです。

お医者さんからは、重度の脱臼だから麻酔を打ち、外れた関節を入れて、1日入院するように言われました。でも、なぜか、私は「その日のうちに帰る！」と言い出したんです。たぶん、痛いし、恥ずかしいし、「もぉ家に帰りたい！」ってガキの発想しかできなかったんですよ（苦笑）。

そうなると、麻酔なしで関節を入れ直すことになるのですが、骨が完全にずれているどころか外れているから戻すのも簡単じゃない。ここからは少し痛い話なので、そういうのが苦手な人はササッと読むか、2、3行ほど飛ばしてくださいね。

まず、脱臼の治し方を簡単に説明すると、多少のズレだったら、わりと簡単に戻ります。だけど、私の場合は関節のジョイント部分が完全に外れているので、一度腕を伸ばしてまっすぐの状態にして入れ直すしか方法がないんです。この腕を引っ張るのが痛くて、激痛に耐えるために腕に余計な力が入ってしまうから、なかなか上手くいかないんです。肘周辺の神経やじん帯を傷つけないためにも慎重に戻さなくてはいけないから、かなり時間がかかりました。

病院で処置を終えた後、事務所の車で名古屋から東京へ戻ったのですが、その車中、ずっと涙が止まらなかった。情けない、恥ずかしい、そして、2つのベルトがなくなってしまった悔しさ……。

同乗していた村山さんは私の受け身を見て、よく、「麻優は猫か！（笑）」って言ってくださるんですね。猫って高い場所から落ちても上手に着地するので、それに例えてそう言うんです。だけど、そんな受け身に失敗してこうなったわけで。それが情けなくて泣いていると、「まぁ、猫だって着地に失敗することもあるから、しょうがないよ～」って励ましてくださって。

小川さんも「珍しいね～。ま、こんなこともあるよ。早く治しなよ」って。起きたことだから仕方ねえじゃん！　いつも、そんな感じなんですよね、小川さんは。その考え方、優しさが余計に……自分が情けなくなっちゃって、ただただ泣くしかなかったです。で、「あ～、自分、やっぱりエースの器じゃないんだな～」と思いました。

岩谷麻優のいないスターダムはつまらない

この脱臼から復帰まで、結局、4ヶ月かかったんですね。

2017年9月24日に脱臼して、翌年1月のスターダム7周年大会まで試合ができなくて。私はそれまで負傷欠場というものをしたことがなかったんですよ（脱走、失踪による欠場はありますが……）。それでも、ただ休んでいるわけにもいかないし、都内の大会はなるべく同行して、試合を本部席から見ていたり、右腕は使えたから売店でサイン会をしたりしました。

そのときに思ったのは、「岩谷麻優がいないスターダムって、つまらないな!」って。わかってますよ。嫉妬ですね、完全に。「私がいないとダメじゃん」って思ってないと自分でいられなかったというか。やっぱり、自分がいないリングを見ると悔しかったですね。ただ……本音としては……やっぱ、スターダムって面白いじゃん!　という気持ちもあったし、前向きな気持ちで「麻優がいなくても大丈夫やん!」とも思って。だったら、しっかり治して復帰しようって。それと、キッドやＡＺＭちゃんの成長がすごいなぁ〜って感じて。そう思ったら本部席でメモを取るようになりました。それをもとに後輩たちに「こうしたらいいよ!」みたいなアドバイスをして。エラそうですね〜。でも、いい話でしょ?　まあ、メモを取ったといっても、たぶん2、3回やけど……(笑)。

そして、もう一つ、休んでいられなかった理由がアメリカのプロレス団体・ＲＯＨです。欠場中の12月中旬、私は渡米して、新しく作られる初代女子王座への挑戦をアピールしているんです。その試合に出るためにも肘を治さなきゃならなかったんです。

復帰戦と紫雷イオとの別れ

私が復帰したのは、２０１８年1月21日のスターダムの7周年大会です。

やっぱり嬉しかったですよ。こんなにリングを離れていたこともなかったし。だけど、すぐにメインストリームに戻れたかといえば、そうではなくて。本音は不安で試合をするのが怖くて仕方なかったです。

復帰してしばらくの間は、慌ただしかったかな。というのも、私、4月に渡米してROHの女子王座WOHの初代王者決定トーナメントに出場して、準決勝まで進んでいるんですよ。それで、帰国してからはシンデレラトーナメントに出場して……そこで、「やべっ！　こりゃ気を引き締めないといかん！」って思うことがありました。

渡辺桃がめちゃくちゃ成長していたんですよ！

たしか2月の後楽園大会で、桃はイオさんが保持していた白いベルトに挑戦して、あと一歩のところまで追い詰めて。私はその大会ではセミ前の試合だったんです。それでシンデレラトーナメントで桃が優勝して、再びイオさんに挑戦して白いベルトを奪取したんです。その試合を観て、「あぁ〜、下の子たちも下じゃなくなってるし、私もうかうかしてられんわ」という気持ちになりました。

さらに、気を引き締めなくてはならないことが起こります。

このシンデレラトーナメントの準決勝で、私はイオさんと対戦して10分の時間切れ引き分け（両者失格）になったんですけど、これがイオさんと本格的に闘った最後の試合になりました。

そう、イオさんのアメリカ行きがついに決まったんです。イオさんが記者会見を開いて、スターダム所属として最後になるのは6月17日の後楽園大会になるとアナウンスしました。

私としては、前にも書いてますけど、イオさんの夢を知っていたから「やった！」って思いました。そして、もう一つ、「やった！」と思えたのが所属ラストマッチで「サンダーロック」の復活が決まったんです。イオさんからの要望でした。私はSTARSでイオさんはクイーンズクエストと、対立していたけど最後の最後で……。

イオさんに指名されたときの感想ですか？「そりゃあ、イオさんの隣におるのは麻優しかいないやろ！」って（笑）。あの裏切り以来だから、約1年半ぶりの再結成です。ただ、あの当時と違うのは「もうイオさんの背中に隠れていませんよ！」ってことでした。安心してアメリカに行ってもらうためにも、自分の成長を見せないといけない。だから、イオさんの壮行試合だったけど、私が花月からピンフォールを奪って。しっかり送り出せたかなと思います。

絶好調の中、無念の負傷離脱

思えば、2018年ってスターダムにとってイオさんの退団だけではなく、別れが多かった

2018年6月17日の後楽園大会。退団が決まった紫雷イオ壮行試合で、サンダーロックを再結成。花月からピンフォールを奪い、イオを送り出した。（写真提供：大川昇）

年でもあります。

話は前後しますけど、3月にクリス・ウルフが退団して。美邑弘海が引退して、同じ大会で風香さんもスターダムから勇退されて。あのとき一期生から九期生まで風香さんの教え子が集まって見送りましたけど、そういえば、鹿島沙希もこの日に復帰してるんですよね（今となってはどうでもいいことだけど）。

誰かがスターダムからいなくなりました。でも、だからといって悲しんでいるのではなく、スターダムはスターダムで進まなくてはいけない。そんな気持ちになれたのは、私には幸いにも（?）花月というライバルというか……引退した今だから言える〝一生戦友〟との闘いが充実していたからかな。

その結果の一つとして9月には初めて『5★STAR GP』で優勝できたんです。

5回目の出場にして初めての優勝だったのですが……決勝戦後にありさちゃんが復帰宣言をして話題を持っていかれるという……。これはファンの方にとっては意外だったのでは?

風香さんが退団された大会のセレモニーにきたんですよね、ありさちゃんが。退団以来、一切、会場にはきてなかったし、連絡も取っていなかったから「おぉ、久しぶりぃ～!」って。それで少しずつ連絡を取るようになって、ご飯を食べに行くようにもなって。そこでの会話が復帰につながったんですけど……ここでジンクス? 伝説? なんか、そういうことが囁かれ

2018年9月24日の後楽園大会。「5★ STSR GP 2018」の優勝決定戦で、この年にデビューした〝驚異の新人〟林下詩美を下し、待望の初優勝を果たす。しかし、左膝の負傷もあって完全には波に乗り切れずにいた。（撮影：大川昇）

るようになって。

それは「岩谷麻優がトーナメントやリーグ戦で優勝すると誰かが復帰する」ということ。思えば、シンデレラトーナメントを2連覇したときは陽子さんが。そして、このありさちゃんの一件……たしかに、そうだ！　だから、次に私が何かで優勝したら……誰かが復活するかも⁉（もちろん、確約はしません！）っていうか、それで麻優の優勝した印象が薄れているので、めっちゃ複雑な気分なんですけど……（苦笑）。

こんな感じで、ありさちゃんも復帰したし、私も絶好調だし……って思ったところに、またもやアクシデントが。

12月に試合中の誤爆で膝をケガしてしまって。これが思った以上に重傷で……やっぱり、凹みましたよ。良い波に乗れたかと思うと、すぐにコケる……やっぱ、私ってポンコツなんだな～って。

ケガした膝はギプスで固定してたんですけど、あれ、ずっとしているとかゆくてかゆくて仕方ないんですよ。それで、ありさちゃんに手伝ってもらって、1時間以上かけて外したんです、自分たちでハサミで切って。

冬だったからジャージで隠せていたんですけど、結局、レフェリーの村山さんに「自分で外しちゃいました！」って報告して。めちゃくちゃ怒られましたけど、「ま、岩谷だし……」みたいな流れになって（役得ってやつですか？）。そこからリハビリを開始したんですよ。どうしても翌年2019年1月のスターダム8周年大会、つまり、自分の8周年に出場したくて、間に合わせたかったから。

そして、2月に再びROHの大会に出場することが決まっていたから……。

新日本プロレスMSG大会に出場！

ROH……縁あって出場させていただいていますけど、岩谷麻優というプロレスラーにとって重要な要素というか、ターニングポイントになっていることは間違いありません。ROHで女子王座になれたからこそ、開けた扉がいくつかあって。たとえば、岩谷麻優というプロレスラーを世界中に、より発信できる機会をもらえました。

そして……私自身はそうは思っていませんが、スターダムから世界へ旅立っていった、「あの2人に並んだね！」という評価をいただいたこともありました。

あとは、前章でも書いていますけど、ROHに出場したからこそ、〝赤い岩谷麻優〟も誕生したし、いろいろな一面を見せることができたのではないでしょうか？

そして！　2019年2月10日（現地時間）。対ケリー・クライン戦で勝利して第3代WO

Hチャンピオン（ROHの女子王座）になれたからこそゲットできたことがあります。それは4月6日に開催された新日本プロレスさんのマディソン・スクエア・ガーデン（以下MSG）大会への出場！

正直なところ、出場が決まるまでMSGがどんな場所であるか、あまり知りませんでした。そうしたら小川さんが、私が必殺技に使っているドラゴンスープレックスを藤波辰爾選手が初披露した会場なんだよって教えてくれて、驚きと……少しプレッシャーを感じましたね。それと同時に、だからこそ「出たい！」、「MSGのリングに立ちたい！」と思いました。

当日ですけど、私にしてはめっちゃ緊張して。入場寸前までガッチガチでした。それで、いよいよ私の出番になって、ステージの横にあった階段を上って、少し歩いたところに入場ゲートがあると思っていたら、階段を上ったらすぐに入場ゲートで。「よし行くぞ！」って気合を入れる間もなく、お客さんの前に出ちゃって……。スポットライトも大会場ならではの派手なヤツに照らされて。

その瞬間、なぜか緊張が吹っ飛んだんです。

そして、お客さんからの視線が気持ちよくなってしまいました。

嬉しさもあるし、楽しさもあって、いつもかぶっているオーバーマスク越しではなく、しっかりと会場を見渡したくなったんですよ。こんな体験、初めてのことです。

岩谷麻優が格闘技の殿堂、MSG に立った！（撮影：大川昇）

１万6000人超の大観衆の前で熱いファイトを繰り広げた。（撮影：大川昇）

あと……みなさんの顔をたくさん見たくて、キョロキョロしちゃって。後から動画を見てみると単なる挙動不審やん！（笑）

試合は……相手のケリーって、正直、手が合う相手じゃないんです。これまで何度か対戦したことがあるけど、仕掛けられたこともあったし、好きではない相手です。だけど、せっかくのＭＳＧだし、「楽しんだもの勝ちじゃん！」って、自分なりに弾けました。

まぁ、負けてタイトルは落としましたけど、それ以上に貴重な経験っていうのかな……あのときの岩谷麻優だからこそできた経験だと今も思っています。

そして……退場するときに改めて会場を見回したら、ものすごい数の人、人、人……でした。１万６５００人以上のお客さんが私の試合を観てくれたんや……。中継を含めると、もっとたくさんの人が岩谷麻優の試合を観て、何を感じたんだろう？

そんなことを思ったら「10年前の私を考えたらスゴイじゃん、岩谷麻優！　だって、引きこもりで、それまでほとんど山口県から出たことがなかったのに、いま、ニューヨークで試合してるんだよ？　人間不信で誰にも会いたくなかったのに、１万６５００人の前で試合してるんだよ？」って、引きこもり時代の自分に語りかけていた。

10年前の私は今の私を信じられるかな？

2019年最大の衝撃

……と、本来でしたら、この本は、ここで終わるはずでした。MSGにも出たことだし、そこまでを振り返って、それで2019年の秋ごろに出版できればいいかな~、みたいな。そんな感じででした。

しかし、諸事情で少しずつ延びていって……まずは、アメリカ遠征から帰ってきて、膝を悪化させてしまい、しばらく欠場することになりました。

その後も私だけではなく、スターダム自体もいろいろと環境が変わっていったのはご存知のことでしょう。ここからは2019年春以降の岩谷麻優を振り返ってみたいと思います。

4月の半ばから欠場して、5月の後楽園大会はアーティストのタイトルマッチということで、この試合だけ出たんです。それでタイトルを失って、またもや無冠状態になって……本格的に復帰したのは6月9日の札幌大会から……。

約1ヶ月半の欠場期間でしたけど、それだけで済んで正直なところホッとして。この年って、私自身は花月絡みの試合が多かったんじゃないですか？　花月との試合を高めていくというか、いつも対角線上に花月がいて、日に日にライバル心が深まっていったというか……。

だからこそ、花月から打ち明けられたときは衝撃的でした。

そう、彼女の引退についてです。

ライバルからの告白

たしか夏の終わりだったと思う。

そのころ、スターダムの一部の選手は映画の撮影（2020年夏公開予定）で台湾を行き来していました。私も出演しているし、花月も出演していて、現地での行動は別々でも飛行機は同じということが何度もあって。その撮影がクランクアップして、しばらく台湾にくることもなくなるんだな〜って、思うと同時にソワソワしていました。

花月から伝言で呼び出されていたんです。最初は「私、何かヘマをして怒られるんか？」と思ったんだけど、ほんの少しだけ気付いていたんだ。だから遅めに空港に行ったら花月が待っていて。近付いてきて「岩谷、ちょっといいかな？」って、他の選手もいた手前、空港に隅のほうに連れていかれて……。

「来年（2020年）に引退するから」って。

なんでも、この台湾遠征前に小川さんには伝えているとのこと。「だけど、選手には……岩谷に最初に伝えるのが筋ってもんだろ」って……。そのときに聞いた引退時期は大まかなもの

スターダムにおける最大のライバルであった花月。ユニットこそ対立しているが、試合をすれば互いを高め合うことができる同志のような存在だったという。（撮影：大川昇）

でしたけど、だけど、時間がないのは明らかで……頭の中がパニックになりました。私、とっさに言ったのが「考え直せませんか？」って。引退してほしくなかった。もっと、お互いを高め合いたかった。そして、最高の試合を何度もしたかった。

ずっと、対角にいた選手だけど、陰で選手を支えたり、若手にアドバイスをしたり、あらゆるところでリーダーシップを発揮していたことを知っているから……花月はスターダムにいてくれなきゃ困るんだよ！　そういう気持ちだから素直に言ったんです。

そう、私が唯一、スターダムから去ることを引き留めたのは花月です。それほど、岩谷麻優というプロレスラーにとって、花月というプロレスラーが必要だったから……。

私、花月にはすごく感謝していることがあって。

4月半ばから6月まで私が欠場していたときに、花月が岩谷麻優グッズを持って入場してくれていたんですよ。リング上では「このデザイン、ダセェんだよ！」とか「こんなタオル、使えるかよ！」とか口では散々悪く言っていたけど、「岩谷麻優もいるんだぞ！」って私が戻る場所を作ってくれているんだってわかっていた。

あとで本人に聞いたら「誰が欠場しても（そういうことを）やるわけじゃない」って言ってくれて。こういうところが、花月がたくさんの人に好かれている理由なんだろうなって。そういう気持ちが嬉しくて、リングに戻ったらガンガンやりたかったし、もっと闘いたかった。だから引き留めたんです。

だけど、花月自身、自分で決めたことだから私が何を言っても当然、聞き入れてくれないし……ものすごく微妙な空気が流れました。でも、飛行機の離陸の時間が迫ってきて、結局、微妙な空気のままで帰国。そこからも微妙なままで……。

スターダムがブシロード傘下に

私個人の中では「もしかしたら花月は引退を撤回してくれるのでは?」という淡い期待みたいなものがありました。

と、いうのも、その後、スターダムを取り巻く状況が大きく変わったからです。

そうです、10月17日に発表されたスターダムのブシロード傘下入りです。

この件に関して、私はスターダムの最古参ということもあって、小川さんから他の選手よりも、ほんの少しだけ早く知らされました。

私は大チャンスだと思いましたよ。今までにないこともできるんじゃないかって。

思えば、これまでのスターダムにとって、「変化は進化」でしかないですから……って、今、岩谷麻優、名言を書いてませんか? そう、「変化は進化」なんですよ! その変化が大きいほど、進化も大きい……それがスターダムの歴史じゃないですか？　だから、私は大チャンスだなって。

それで、他の選手に発表されたのが会見の前日でした。小川さんが珍しく道場にきて、みんな、「なに？　なに？」みたいな雰囲気になって。「話があります」って小川さんが切り出したときに良い報告だと思った選手もいれば、そうじゃないと思った選手もいたんじゃないかな？　それほど、周囲には知らされていないことでしたから。それでブシロード傘下入りが発表されると、「おぉ～っ！　すごーい！」って歓声が上がりました。やっぱり、選手としては環境が良くなるということは嬉しいことですから。

それで、翌日の記者会見に備えて、多くの選手がスーツを買いにいくという微笑ましいシーンがあって。だけど、私の心の中に、こんなことも思い浮かびました。「このとき、花月は何を思っていたんだろ？」って。

ベルトに託したわずかな望み

花月の引退を阻止するには、あとは何をすればいいのだろう？　まだ公には発表されていないことだし、思い留まらせるチャンスは、まだまだあるって思っていました。

2019年12月24日、年内最終戦の後楽園大会。メインのワールド・オブ・スターダム王座戦で花月と対戦。北側客席上段からのフットスタンプなど、花月の厳しい攻めを受け切り、最後はムーンサルトで勝利。試合後は2人で大会を締めくくった。（撮影：大川昇）

でも、レスラーとしては闘って説得するのが一番だろうって。「引退しないで、もっと麻優と闘いたい」って思わせることが一番だなって思ったんですよ。

だから、11月にビー・プレストリーが持っているワールド・オブ・スターダムのベルトに挑戦したときは、何が何でも取らんといけんって思った。それは赤いベルトだからってこともそうだけど、ビーは花月を倒してチャンピオンになったから、まず、私はビーを倒さなければいけないと思ったわけです。それで、防衛戦で花月を指名して、引退を撤回させてやる！　そのことしか頭になかったです。

だから、タイトルマッチは途中、自爆して頭からマットに突き刺さったりしたけど、そんなことぐらいでは気持ちが折れていられなくて。自分を鼓舞して……なんとか赤いベルトを取れました。

そして、12月24日。スターダムの２０１９年最終戦が後楽園で行われました。

私は赤いベルトの防衛戦に出場。相手は、もちろん、花月。途中、めちゃくちゃ押されたけど、それでも花月には残ってほしかったから、絶対に負けられない。

そういう想いがあったから、これまでにないほどハードな試合内容になったし、私が勝ったら「悔しいやろ？　だったら、もう1回、挑戦してこいよ！」って言おうと思った。もう1回挑戦するとなれば、引退なんて言葉、口にできないだろうって。

結果は20分以上の激闘の末に私がムーンサルトプレスで勝ったけど……。たぶん、花月の決意は変わらないんだろうなって確信して。そして、たぶん、これが最後になるだろうと思って。そして、花月もそう思ってたんだろうね。私が花月に大会を締めるように頼んだら、「まあ、こんなことも滅多にないし、岩谷、２人で締めようぜ」って言い出した（これには少し驚いたよ！）。そして、「今を信じて、明日に輝け、Ｗｅ ａｒｅ ＳＴＡＲＤＯＭ」って大会を一緒に締めくくったんですよね。

今まで対角にいたけど、闘ってわかり合えてたのかな？　なんだか悲しいくらいに2人の息が合ってた。そして、花月は翌日、正式に引退を発表したんです。

【特別対談２】

最強にして最高のライバル

花月さん（大江戸隊元総理）×岩谷麻優

撮影：守屋貴章

岩谷麻優にとって大江戸隊の花月選手は最高のライバルだった。闘うたびにお互いの自己ベストが更新されたという２人。リングを下りた今だから交わせる本音の特別対談！

とにかく強烈だった岩谷麻優の第一印象

岩谷　お久しぶりです！　引退しているから〝花月さん〟で大丈夫ですか？

花月　うん、岩谷の本だからいいよ。

岩谷　花月さんと会うのは、新木場大会（２０２０年2月15日）の全員掛けに出場したとき以来ですよね？

花月　そうか、それ以来か！

岩谷　今回、お呼びしたのは、私の本が出るんです！

花月　それってさ、絵本？　あ、でも、あの画力だしな～（ニヤニヤ）。

岩谷　（笑）いやいや……。

花月　だってさ、岩谷が文章書けるとは思えないもん！　あ、全部、ひらがなで書いているのか？

岩谷　久しぶりなのにヒドイ！（笑）

花月　（編集担当者に）本当に岩谷で本を出して大丈夫なんですか？　すごく心配ですよ！

岩谷　相変わらずですね（笑）。じゃあ、対談、始めま

すよ！　まず、私のことって、デビュー当時から知ってました？

花月　名前だけはデビュー当時から知っていたよ。最初のフリー時代（2014〜17年）に、松本浩代さんから「岩谷麻優っていう、スゴイ選手がいるんだよ！」って聞いていて。

岩谷　やっぱ、麻優、スゴかったんだ（ニヤニヤ）。

花月　いや、それがさ……良い意味じゃなく「練習をしないのにケガをしない選手がいる」って（笑）。

岩谷　あぁ〜、そうなんや〜、浩代さん、そう思ってたんだ。

花月　いや、当時の岩谷の評価って、そんな感じだよ（笑）。

岩谷　そうなんですよね……私、初対面の他団体の選手とかにも「練習しないんだって？」って聞かれるほどでしたよ！

花月　（笑）でしょ？　さらに「会話力もない」とか「すぐに辞めるんじゃない？」みたいな噂ばかり聞いてたからさ。

岩谷　え〜！　そうだったんですか！　ヒドイなぁ（苦

笑)。

花月　でも、私がフリーとしてスターダムに参戦するようになったら、ちゃんと挨拶してきたし、ガリガリだなぁとは思ったけど「なんだ、普通の子じゃん」って。だけど……岩谷、私と初めて対戦したときのこと、覚えてる？　たしか、新潟の大会なんだけど……。

岩谷　あぁ～（半笑い）。

花月　そのリアクションは覚えてないよね（笑）。参戦当時、私はまだヒールではなかったから、控室が岩谷と一緒になることもあって。で、私への第一声がハンガーにかかっている私のガウンを見て……「そのガウン、かっこいいですね！　ください！」って言ったんだよ！

岩谷　（爆笑）あぁ、思い出しました！

花月　正直なところ、「なんだ、コイツは!?」って思ったよ（笑）。私、それまで後輩にそういうことを言われたことないし、ビックリして……。

岩谷　そりゃ驚きますよね！（↑他人事）いや、あの当時、私、デビューしたばかりで、まだガウンを作るお金がなかったし、花月さんも私もコスチュームがブルー系だったじゃないですか？　それで、「あ、このガウン、麻優にも似合いそう！」、「欲しい」って思ったから言ってみたんです。ほら、花月さん、先輩じゃないですか？　それで先輩だから、私よりもお金持ちだと思ったし……。

花月　私、「いや、これはちょっと……」って言うのが精いっぱいだった気がする（呆れ笑い）。

岩谷　あのガウン、今、どうしてるんですか？

花月　そりゃあ、家にありますよ。

岩谷　じゃあ、ください！

花月　なんで、また当時の会話に戻る？（笑）

岩谷麻優が教えたスターダムの面白さ

岩谷　だってカッコイイんだもん。私の花月さんの第一印象は……ただただ〝強い人〟でしたね。仙女さんの『Flashトーナメント』（2011年10月27日）で初めて花月さんの試合を見て、「すごい強い人だなぁ～」って。

花月　そんな強い人に「ガウンをくれ！」と？（笑）。

記念すべき初対戦（2016年3月26日、新発田）。ここから２人のライバル物語は始まった。

岩谷と試合をしてみての感想は、噂通りのブッ飛んだ選手だなって。「なんてスピーディーでトリッキーなんだろう」って印象に残ってる。同い年でもキャリアは私のほうが上だったから、「あぁ、スターダムって、こういう“今ドキの選手”がいるんだな」って思ったんだよ。それで当時、岩谷が保持していたハイスピードのタイトルを狙うようになったんだよね。今だから素直に言うけど、「スターダムって面白いな」って印象を与えてくれたのは岩谷だよ。

岩谷　当時はイオさんを狙ってませんでした？

花月　参戦当初はね。私、岩谷にハイスピード選手権で負けているでしょ？　あのとき、周囲には見せなかったけど、すごく悔しかったんだよ。だって「岩谷って、練習してないんでしょ？」って気持ちがあったし（笑）。悔しいけど、「これが才能なんだ」って思って。

岩谷　それ聞いて感動してます！

花月　私自身に才能はなかったと思っているのね。私は努力のみで自分のポジションをつかんだと思っているから。実は私、最初のフリーになったときに自分から「このリングに上げてください」ってお願いしたの

はスターダムだけなのね。
岩谷　え！　そうだったんですか！
花月　うん。それで、やっとつかみ取ったリングで、「よし、これからトップを取ってやる！」という矢先に噂に聞いていた岩谷麻優に負けた。「なんだ、この世界観は！」って思って、そこからドップリとスターダムにハマっていったんだよ。
岩谷　私も花月さんがハイスピードに挑戦を表明されたときは「やった！　ハッピー！」、「ライバルができる！」って思いました！
花月　なんか軽くないか？（笑）

試合のたびに行けた「限界の向こう側」

岩谷　でも……花月さんとハイスピードで試合をするようになってから私も変われたと思っています。それまでの私は言い方は雑ですけど、「なるようになる」と思って試合をしていた部分があって。だけど、花月さんとやるようになってから、いろいろと考えるようになりましたよね。簡単に言えば、技の出し方、試合の組み立て方を自分なりに考えるようになって。あとは、たとえ、別の試合に出ていても内容は負けたくないなって思えるようになって……。
花月　それはプロレスラーとしてあるよね！　私も内容で負けたくなかったもの。
岩谷　花月さんは根が真面目過ぎるから、「麻優も真面目にやらんと！」って思って……。
花月　なに、それ？　それまで真面目にやってなかっ

たんかい！（笑）

岩谷　（笑）いやいや、なんていうんだろ？　花月さんが参戦してくるまで自分にとっての敵がいなかったっていうか……。だからこそ、倒さなきゃいけないと思ったし、負けられないし……。初めてライバルになる人だって思ったんです。

花月　そうか～。私、岩谷とはハイスピード選手権から始まって、何度も闘ったけど、私の中で、そのたびに内容が上書きされていったから、やっぱり、ライバルだったんだなって思うよ。

岩谷　そう、上書きなんですよね！　私、この本の中で「プロレスラーには試合中、体力・気力の限界の向こう側へ行けるときがある」的なことを書いてるんですけど、それこそ上書きかもしれないです。

花月　限界の向こう側か……あったね～、岩谷とは何度も。まさに限界突破ってやつだね。

岩谷　とくに花月さんの現役の最後の方……赤いベルトを巡って闘うようになってからは、何度も限界を突破したし、上書きしていったし……。っていうか、試合中の花月さんって鬼畜でしたよね！

花月　（笑）否定しません！　首を吊ってみたり、鉄製の入場ゲートを倒してみたり……。

岩谷　あのゲート！　ステージにあった柵との間にはさまれたとき、「あ、私の人生、終わった！」と思いましたよ！

花月　あのゲート倒しは岩谷の入場を奇襲して、見事なまでに……危なかったよね～。いや、でも、あとで映像を見て「岩谷、申しわけない！」って思ったよ（笑）。

2人が考えるベストバウトとは？

岩谷　そして、最後のシングル（2019年12月24日、後楽園ホール大会）でも……。

花月　北側の壁に上ってのダイビングフットスタンプね！　私、岩谷と後楽園で試合をするときは、いつもより早く会場入りして隅々まで見てたのね。なんか使えるものないかな～って。それであの日の会場の仕様だったら、壁に上れるじゃんってなって……。

岩谷　あれ、強烈でしたよ！

花月　いやね、今だから言えるけどさ、「事故が起きませんように！」って思いながら飛んだよ。プロレスは相手を倒すために技を出すものであって、ケガをさせるものではないじゃん？　だけど、あの壁の上に立ったら、あまりの高さに飛ぶ私も受ける岩谷もヤバイんじゃないかって……。

岩谷　私も「ヤバイ、花月さんが降ってくる～」って思いましたよ……。それで、そんな私とのベストバウトは？

花月　やっぱり、その後楽園ホールでの試合かな。この試合の翌日に引退発表をしたから、引退することは決めていた。でも、タイトルマッチだから勝ってベルトを奪取する気持ちは持っていた。それはレスラーとして当たり前じゃない？　でも……勝っていたら、引退を取り消していたと思う。

岩谷　え？　そうだったんですか！

花月　だって岩谷麻優に勝つとチャンピオンになるんだよ？　でも、あれだけの試合をして負けて、心おきなく辞めることができるって思った。

岩谷　私は逆に思ってました。私が勝ったら悔しくて引退を取り消して「もう一回、やらせろ！」って言うんじゃないかって。

花月　逆だったんだね。でも、それで良かったんだと思うよ、私は。で、岩谷にとってのベストバウトは？

岩谷　私はどの試合もベストバウトだと思っていて、それぞれの試合のいろいろなシーンを切り取りたいんですよ（笑）。

花月　誰かに編集してもらって（笑）。そういえば、岩谷って自分がやられているところを見るのが好きなんだよね？　私にやられている岩谷麻優はどうだったの？

岩谷　素晴らしいと思います！

二人　（笑）

岩谷　私、花月さんにチョークスラムをされるのが好きなんですよ！

花月　へ？

岩谷　花月さんのチョークスラムをくらうたびに「誰よりも高いところまで持ち上げられて受け身を取ってやろう」って思っていて。麻優が軽いのと、花月さんの腕力が凄くて、最高の受け身が取れたと思ってます。

花月　そうだね、岩谷は誰よりも受けが上手いし、すごいと思ってた。でも、やり残したことが一つある！

岩谷　なんですか？

花月　北側が客席を作らないで、ステージ仕様だったら台車に岩谷を乗せて押して落とすってやってみたかったんだよね～。それだけ心残り。

岩谷　そんな楽しそうに言われても……。やっぱ、鬼畜や！（笑）

所属最終試合の最中も引退を引き留めた

岩谷　でも、こういう風に話せるのは、花月さんが引退した今だからこそですよね。

花月　そうだね。そういえば、岩谷は私が引退するって打ち明けた時、どう思ったの？

岩谷　これも本に書いているんですけど、花月さんだけは辞めないでほしいと思っていました。

花月　あれは台湾の空港でだよね。まず第一に岩谷麻優というライバルに話すのが筋だと思っていたから、事前に時間を作ってって伝えていたんだけど……なかなかこないんですよ、岩谷麻優が！

岩谷　だって、なんとなく内容はわかっていたし……だから搭乗開始時間になってから現れて（苦笑）。

花月　そう「もう時間ないやん！」ってときに現れてさ、相変わらずだなって思ったけど。そこからだよね、引退発表するギリギリまで「考え直しませんか？」って言ってくれてさ……。私は意外だったのね、それまでの岩谷の行動からすると。「あ、そうなんですか！　おつかれさまです！」って、すんなり送り出してくれる

と思ってたから。

岩谷　私、初めてでしたよ、人の引退を止めたの。そしたら、花月さんのほうがオドオドしてましたよね？

花月　だから、意外だったんだって！　本当は最初に打ち明けたときに、もっといろいろと伝えたいことがあったのね。だけど、ギリギリでくるから……。

岩谷　それで微妙な空気のまま帰国して……。私、何度「考え直しませんか？」って言ったんやろ？

花月　スターダム所属最終試合でタッグを組むことになって、コスチュームを揃えようって、制作の打ち合わせに一緒に行ったら、そこでも「やっぱり考え直しませんか？」って。もう発表してるって！（笑）

岩谷　っていうか、その最終試合でも言ってましたよ、私（笑）。でも、最後にタッグを組めて良かったです。

花月　それは私もだよ。2人ともドラえもんが好きだから、「ドラえもんズ」ってタッグチーム名にしようかって思ってたし（笑）。まぁ、今だから言えるけど、実は2、3年前かな？　タッグを組むかもしれないという流れが起きそうだったんだよね。

岩谷　タッグリーグでしたっけ？　組み合わせ的なもので、もしかしたら花月さんと私がパートナーがいなくて余るかもしれない、ってなって。

花月　そうそう。だけど、そこで組めなかったということは、そういう運命だったんだよ。まあ、あのときに組んでも相手になるチームもいなかっただろうしね。

岩谷　そうですよね。ただ、ファンのみなさんも花月さんと私は敵ではあるんだけど、「絶対に合う」って思っていたと思うんです。だから、最後に実現できて良かったです！

花月　そうだよね。あの1回きりだから良かったのかもしれない。

岩谷麻優が輝ける相手を見つけてほしい

岩谷　で、そろそろ時間なんですけど、花月さん、引退されてどうするんですか？

花月　まぁ、一部で発表しているけどフィットネス系の仕事をします。簡単にいえば、トレーナーさんを指導する仕事というか……。

岩谷　花月さんにピッタリですよね！　花月さん、教えるのが得意だし、好きだし……麻優にもいろいろ教えてくださいよ！

花月　そのときはお客様としてシッカリ料金を請求させていただきます（笑）。

岩谷　あ、そうだ！　思い出した！

花月　な、なにを？

岩谷　花月さん、大江戸隊でゴムパッチン攻撃、やってたじゃないですか？　あれ、麻優たちがたわしーずのときにやってたんですよ！　私が元祖なんで、使用料をください！

花月　それを言うんだったら、岩谷が欠場していたときにリングアナをやったじゃん？　で、1回噛むたびに1万円ってなって、15回、噛んだよね？　ってことで、15万円を大江戸隊に収めてください（ニヤリ）。

岩谷　あ～……そういうこともありましたね（遠い目）。そういえば、あのときの衣装を見て、初めて花月さんが「麻優、可愛いじゃん！」って言ってくださったんですよね！

花月　そうやって話をすり替えるのも相変わらずだなぁ～（笑）。

岩谷　それでは最後に、今後の岩谷麻優に望むことはありますか？

花月　いろいろあるけど……早くライバルを作ってほしいよね。やっぱり、ここまで上り詰めて、今やスターダムでは唯一無二の存在になって。独走するのはスゴイことだし、いいことだと思うけど……。これからトコトン闘える相手を見つけないと、岩谷麻優の魅力を活かせなくなるっていうのかな？　私、花月みたいなライバルが現れるといいなって思ってます。

岩谷　うわ～、そう言っていただけると嬉しいです！　今日はどうもありがとうございました！　（了）

花月（かげつ）

2008年、センダイガールズプロレスリングでデビュー。フリー参戦を経て、17年にスターダムに入団。大江戸隊を率い、トップヒールとして活躍し、ワールド・オブ・スターダム王座をはじめ、多数のベルトを獲得。岩谷麻優と幾多の名勝負を繰り広げた。19年12月、引退を表明。20年2月24日、エディオンアリーナ大阪で自主興行を開催し、メインで師匠の里村明衣子と対戦。この一戦を最後に現役に別れを告げた。

【特別企画】

プロレスカメラマン・大川昇が選ぶ

岩谷麻優　至高の一枚

プロレスラー・岩谷麻優の成長を最も間近で見てきたひとりが、カメラマンの大川昇氏。これまで撮影してきた中で大川氏が考える〝至高の一枚〟とは？

大川昇（おおかわ・のぼる）：1967年、東京生まれ。「週刊ファイト」や「週刊ゴング」写真部でカメラマンとして活動。97年10月よりフリーとなり、プロレスの写真を撮り続ける。現在、東京・水道橋にてマスクショップ「DEPOMART」を経営。

岩谷麻優というプロレスラーの試合を初めて撮影したのは、スターダムが旗揚げしてしばらく経ってからのことです。

今は都内の主要大会はリングサイドで撮影しているので意外に思われますが、実は旗揚げ戦、つまり、麻優のデビュー戦は撮影していません。

第一印象は……これは麻優だけのものではないのですが、（星輝）ありさとか、旗揚げ当時、在籍していた他の選手も含めて、「え？　こんなにスリムな女の子たちがプロレスをやるの？」って。それと、麻優に関しては「なんで、（コスチュームに）長ズボンをはいてるんだろ？」って。やはり、女子プロレスだから、ある程度の露出は大切だと思うんです。それがスターダムという団体、岩谷麻優の当時の感想かな。

その中でも麻優について印象的なことがありました。

これは僕のブログでも書いたことですけど、初の後楽園大会で印象に残る受け身を取ったんです。なぜ、印象に残ったかといえば〝女子にはない〟感じだったから。それで思わず、試合後に「あの受け身は何なの？」と聞いたら「あれはですね〜バーンってなって……」とイメージを話してくれたんですけど、文字にできない擬音語ばかりで（苦笑）。まるで、長嶋茂雄さんばりの感覚的な表現で話してきて呆気に取られたことが最初の思い出です。

あとは「壮絶に負けていく子だなぁ」というイメージが強かった

大川昇さんが選んだ至高の一枚。2019年4月6日、マディソン・スクエア・ガーデン。
WOH（ROH 女子世界王座）の防衛戦、コーナーから場外ダイブを敢行する岩谷麻優

のかな、デビューしてしばらくの間は。

そこから、「たわしーず」時代、「サンダーロック」時代、そしてシングルプレーヤーとして活躍してきたところもそうですし、何度もドロップアウトしそうだったダメな時期も撮影してきましたけど、彼女の1枚を選ぶとしたら、このマディソン・スクエア・ガーデン（以下MSG）での場外ダイブです。

この写真のお話の前に少し僕自身の話になってしまいますが、この数年、定期的に刊行されている媒体で仕事をしていません。

そして、これは当然のことなのですが、たとえプロレス記者クラブのカメラマンに登録されている者であっても主催する団体によっては掲載する媒体がないとリング

サイドで撮影ができません。このMSGの大会もそうでした。

MSG……思えば、これまでに国内外のさまざまな大会場で撮影をさせてもらっていますけど、この会場だけは縁がありませんでした。でも、僕ら世代にとって憧れの会場ですよね、MSGは。

それで大会の1ヶ月前位だったかな？　麻優と話をしていて、僕に撮影をしてほしいって。でも、理由を伝えたうえでリングサイドでは撮影は難しいと言うと、「だったら、私が話してみますよ！」って。

でも、それっきりなんですよ、その話題は。そこから大会当日まで何度も話はしているけど、MSGの話は一切出ない。まぁ、いつもの麻優らしいなぁって、こっちも気にも留めていなかったのに、大会当日の昼のことです。麻優から電話があって「(取材パスが)取れました！」って。

僕自身、海外でも数えきれないほど取材をしているのでわかりますが、大きな大会になるほどパスを出してもらうのは難しいし、骨の折れる作業です。だから、麻優もきっと、この1ヶ月間、このパスのために、ものすごい労力を使ったと思います。だけど、それを1ミリも見せずにやって……そういう気づかいができるところが、岩谷麻優という人間のすごいところじゃないかと。

これは麻優に応えなくては！

そう思って、いろいろなチャンスを狙っていました。

その中で麻優がコーナーポストに立って、飛ぶと思ったのでカメラを通常は縦に構えるところを横に構えました。そうすることで背後に会場も写って岩谷麻優がMSGで試合をしたということをより確実に残すことができました。同時に……なんだろう？　僕自身もプロレスカメラマンとして宙ぶらりんな状態から成仏できたというか……そんな気持ちになれました。

プロレスを続けていれば、世代交代もあるでしょう。とくに麻優は一期生ですし、スターダムのリングの流れは速いし、いつまで王者でいられるかもわからない。だけど……たとえば、無冠になったとしても、そこからの岩谷麻優が何を見せられるか？　ベルトがあってもなくても岩谷麻優は岩谷麻優というスタイルを築いてほしいですね。

（了）

第六章　スターダムの選手への想い

スターダムも旗揚げして現時点（２０２０年７月）で９年。思えば、今が一番、選手が充実しているんじゃないかな？　ここでは私自身個人的に気になるスターダムの選手について暴露……いや、自分の想いを書いてみたいと思います。

●中野たむ

中野たむ！　たむちゃん！　いや〜、いつも「麻優さん！　麻優さん！」って慕ってくれて嬉しいよ。なんで、私、こんなに好かれとるんやろ？（笑）たむちゃんとお話しするようになったのは、たむちゃんが大江戸隊を離脱させられてＳＴＡＲＳにきてからだから、２年くらい？　ここまで慕われるとは思わんかった（笑）。

たむちゃんにとって岩谷麻優ってヒーローなの？　だったら、それは嬉しいことで、誰かに憧れてもらえるまでに成長できているんだなって思うんだ。私ね、たむちゃんがＳＴＡＲＳにくるまで、後輩の存在とか気にしていなかったのね。自分のことで精一杯っていうのが本音で。でも、たむちゃんが慕ってくれて、（スターライト・）キッドとかもついてきてくれて、「自分が引っ張らなきゃあかん！」って思えるようになった。先輩としての自覚を持たせてくれたのは、たむちゃんのおかげでもあるよ。

あと、最近のたむちゃん、試合がすごいよね！　攻めても受けてもすごいし……とくに、あ

頼もしいSTARSの仲間、スターライト・キッド（左）と中野たむ（右）

りさちゃんとの試合（2019年6月16日の後楽園大会。この年のスターダムアワードの「ベストマッチ賞」に選ばれた名勝負）は……私、セコンドには付けなかったんだ、2人ともSTARSの仲間だし。だから、ニュートラルコーナーの下で見ていて……泣いちゃった。

純粋に感動したこともある。だけど……2人にあんなすごい試合をされて悔しさもあった。

それほど刺激的だったよ。

●スターライト・キッド

麻優、キッドがいないと試合できん！

そう言い切れるほど私のマネージャー的存在でもあります。

だって、いつも「麻優さん、リストバンド！」って客席に投げ込むリストバンドを用意してくれたり（けっこう忘れるんですよ、私）、いや〜、素晴らしいよ、まだ十代なのに。とことん他人に気を遣えて、年下なのに「なんて頼れるんだろう！」って感動するほど、頼りにしているんだ、キッドのことは。

キッドは「麻優さんみたいになりたい」ってプロレスラーの道を目指したんだよね。それ聞いたとき、めっちゃ嬉しかったよ！　それで私の入場曲で踊ってくれたり……そう！　キッドのダンスってキレッキキレなんですよ！　それをリングで反映させてもいいんじゃないかな？

あと、麻優もマスクマンに憧れてたけん。マスクマンでデビューしたキッドが羨ましかったりするんだ、実は。いつまでもそばにいてほしいし、いつまでもキラキラ輝いてほしいな、まさにスターライトのように。将来、いつか麻優も引退してＳＴＡＲＳを去ることになるでしょう。だけど、キッドがいればＳＴＡＲＳは永遠だと思うし、みんなのリーダーになってほしいと思います。だから、ずっとベビー（フェイス＝正統派）でいてね！

そうそう、よく「キッドさんの素顔って、どんな感じ？」って聞かれるけど、めっちゃ可愛いに決まってるやろ〜！　マジ、アイドルみたいです。

●飯田沙耶

今、私がイチオシというか気になって仕方ないのが飯田さん！

STARSの人気者になった飯田沙耶（左）

飯田沙耶ではなく、〝飯田さん〟に興味があるんですよ、ニュアンスは伝わりにくいと思うけど。飯田さんは入門して花月さんと葉月に練習を見てもらっていたから、ほとんど一緒に練習したことなかったし。で、デビュー直後にJANに入ったから、実はほとんどかかわりがなかったんだよね。だから、そのときは普通の新人選手にしか見えなかった。

ところがですよ！　STARSに入ってから私は思ったよ、「もっと昔から知っておけば良かった！」って。少し後悔しちゃうほどだよ。飯田さんの魅力は話してみないとわからないかもしれない。

なんなんやろ？　どうやって表現すればいいのか……。

だけど、話してみると、「この人、（いろいろな意味で）すげぇ！」って思わせる存在感というか、オーラというか……。めちゃくちゃ丁寧な子だな～って思わせることもあれば、「え？」っていうところで雑やったり。まさに××と天才は紙一重って感じで。間違いなく、ＳＴＡＲＳ……いや、スターダムになかったキャラだし、真面目だから、将来、とんでもない大物になるんじゃないかって期待してます。

●羽南

真面目さの塊ともいえるのが羽南（はなん）！　ＳＴＡＲＳに入って、ちょっとしたら受験で会場にはこられなくなったけど、めでたく合格したってことで、おめでとう！

麻優と同じく柔道出身ということで（↑みなさん、笑うところですよ）、高校生になったら、より、その魅力を活かしてほしいなって思います。それにしてもＳＴＡＲＳって、現時点でも将来的にも有望な人材の宝庫だなって思う。リーダーとしても嬉しい限りです。

●渡辺桃

桃も私に憧れて入門したんだよね。

そのとき、中学生だったっけ？　デビューしたてのころのソフトボール系キャラだったときは一緒だったけど、まさか私たちを裏切ってＱＱ入りをするとは……。

渡辺桃とは2019年の9周年大会で赤いベルトをかけて激突した

個人的にはイオさんに裏切られたのと同じくらい、衝撃的だったよ。桃はどちらかといえば、おとなしいタイプで、素直で……だから、誰が今の渡辺桃を想像できた？　今の上から目線で挑発してくるとは……それに桃が対角にいるようになるとは思っていなかった。

だけど、桃だから、いつかは対角にくるとも思っていた。その若さでスターダムで起きたいろいろな出来事を経験して、それでもずっといてくれて……いまは同志だと思っている。

そして、ライバルの一人です。だって、あのイオさんを倒して白いベルトを取って1年も防衛してきたんだよ？

そんな桃と9周年記念大会でタイトルマッチができて良かったよ。団体の大切な日に闘えたことに、いろいろな意味を感じます。

〝天才〟的なセンスのＡＺＭも、実はまだ高校生

あ、そうそう、成人式、おめでとう！

●ＡＺＭ

私の中ではキッズファイターだった〝あずみちゃん〟からの付き合いになるのか～。

当時はカピバラさんみたいに可愛かったけど、今は大人になったな～って思うし、でも、やっぱ可愛いって思う。花月さんが「ＡＺＭちゃん、ＡＺＭちゃん」って言ってたのもわかる気がする（笑）。

さて、ＡＺＭというプロレスラーですが、〝天才〟の一言に尽きます。プロレスの天才っていうのはＡＺＭのことです。

まず、スピードは間違いなくスターダムで一番でしょう。ぶっちゃけ、私もついていけんから。うん、勝てません。言い切ります。テク

スターダムきってのパワーファイター、林下詩美

ニックも1、2位を競っていますよ。

なんといっても、技が的確！ 数年後、スターダムの中心にいて、団体を引っ張っているのは間違いなくAZMだと思っている。

だって、あの若さでこのキャリアだよ？ キッドと切磋琢磨して良きライバル関係になったとき、スターダムに新時代がくるでしょう。ちなみにAZMは三期生なので、私の次にスターダム歴が長いんです。

●林下詩美

あまり接点はないけど（林下）詩美は、やっぱり気になります。

シングルって、ほとんどやってないよね？ たぶん、2018年の『5☆STAR GP』の決勝戦くらいじゃないかな？ あれだけビッグルーキーって言われ続けることとって、ものすごいプレッシャーだったと思うし、私にはできないことを体験していて、シンプルに〝スゴイ人〟やと思う。

今は少し落ち着いた感じだけど、あのプレッシャーに勝ってきた人ですよ？　押し潰されない肝の座りっぷりからすると、まだまだインパクトのあることをやりそうじゃない？

あと……最近、綺麗になったよね～。私、詩美は彩羽匠系の路線を進むと思ってたから、そこは意外だった。

●鹿島沙希

鹿島沙希……全っ然、興味ない！　以上！

って、終わらせようと思ったんだけどさ、実は、この章、スターダムの選手について書くことになってたから、一番最初に沙希ちゃん……だったころの鹿島沙希について書いたんだよ。そっちが復帰してからは、いつも一緒だったし、常に隣にいてくれたし。感謝していることもあったから、私の想いをたくさん書いたんだけどさ……。よりによって裏切って、書き直しになっちゃったじゃん！　編集さんとか、いろいろ大変になってたんだぞ、このアホ！　どうしてくれるんじゃ、ボケ！

まず、裏切った理由が「岩谷麻優を狙う」だって？

大江隊に加わった鹿島沙希（中央）

いやさ、それはそれで構わんけど、べつにSTARSの鹿島沙希でもいいじゃん！　私、これまで大江戸隊とすっげぇ闘ってるんだよ？　つまり、〝大江戸隊メンバーの鹿島沙希〟と闘っても目新しさなし！　STARS同士の闘いのほうが注目されたんじゃない？

そもそもさ、「裏切りました↓ベルトに挑戦させせろ」って流れだけど、裏切ればベルトに挑戦できると思ってる？　そんなに簡単なもんやないぞ、ベルトは！　お客さんだって、そういうところはシビアだよ？　だいたい、大江戸隊に入ったばかりで実績も何もないじゃん！　だから、ベルトに挑戦させるわけないやろ……と、思っていたら、急に「ベルトは賭けないでいいから、シングルやらせろ」って言い出して。何を考えてるんやろ？

まぁ、裏切られて……最初はショックだったよ。リング上では、ずっとパートナーだと思ってたし、プライベートではずっと友達やと思っとったから。

っていうか、裏切る前日に初詣に行って、そのとき、一切そんな素振りを見せなかったじゃん（まぁ、当たり前やろうけど）。2人で並んでお参りしたときに「今年は麻優ちゃんとシングルで闘えますように！」って、素直にお願いしたらよかったじゃん！　そしたら私だって素直に叶えてやったかもしれないよ？　それが裏切って……ということで、大江戸隊の鹿島沙希には興味がありません、以上！（追記。これ書いた後に結局、3月の無観客の後楽園大会で、しかも、ランバージャックで闘うことになったけどさ。今までで一番、かっこいい鹿島沙希を見れたと思うよ。いつかまた……って思った。今は、それだけかな……）

●ジャングル叫女

ジャングル叫女（きょうな）は、青年海外協力隊でセネガルに行っていて、帰国直後にイオさんと私のシングルマッチを見て感動してスターダムに入団を希望してきたんだよね。

入団のときから見ているから知っているけど、叫女はシッカリ者で学級委員長タイプで、みんなをまとめてきて凄いって、そこは認める。だけど……なんか運がないなぁ～って。たとえば、私とのシングルも2回流れていたし。しかも、その2試合ともタイトルマッチだったよね。

ジャングル叫女（左）と小波（右）

だから、この間の赤いベルト戦（２０２０年7月24日、名古屋国際会議場イベントホール）にかける意気込み、凄く伝わってきた。前日の大阪での前哨戦はパワーと気迫に押されて……このままだと本気でヤバいって思った。

実際、タイトルマッチでは何度も追い詰められたよね。それでもギリギリ勝つことができたのは、「スターダムのトップの座は絶対渡せない」っていう〝気持ちの差〟だったと思う。

ただ、小川さんに言わせると「麻優はまだ余裕があったよね」って。そう言われるとたしかに、無我夢中で闘っていたけど〝限界の向こう側〟には行けなかったのかなって。

叫女が私に〝限界の向こう側〟を見せてくれるようになったら、スターダムの未来は変わる気がする。いまはそう思っているよ。

●小波

「スターダムで一番の技巧派は誰ですか?」という質問があったら、麻優は間違いなく小波(こなみ)って答える。たぶん、多くの選手が同じ答えだと思うんですよ。

とにかく、巧い! 巧いもん! もしも、の話ですけど、麻優が社長だったら、絶対に小波をチャンピオンとして育てたいもん! ただ、サブミッションを多用するからか、いまいち地味に映っちゃうっていうか……。けっこう可愛いから、もっと目立ってほしいんですよ、小波には。そして、もっと上を目指してほしいんだな、マジで。

●ジュリア

ドンナ・デル・モンド(合ってるよね? いや〜、文字っていいよね。口で言うと、絶対に噛むもん、この名前)っていうよりも、語るべきはジュリアさんでしょう。

と、いっても、彼女がスターダムに上がってから、ほとんど岩谷麻優とは接触なしということもあるので、私の中では、まだどこかにお客さん感覚というか。他人感覚があるから、ここではあえて〝ジュリアさん〟って書く。やっぱり、まだジュリアさんを客観的にしか見られないし。

ドンナ・デル・モンドのジュリア。これから２人はどんな物語をつむいでいくのだろうか。

第一印象は……良くはなかったよね。「いきなり？」って気分は、みんなと一緒で。これからスターダムが突き進んでいくところを汚さないでくれよって気持ちもあった。

でも、試合を通して覚悟や度胸が見えてきたし、そして、〝プロレスラーとしての運〟を持っている人だと思うんです。これは私が同じプロレスラーだからこそ思うものかもしれないけど。そして、綺麗でカッコイイですよね！

ふとした表情もカッコイイし、絵になるセクシーさもあるし。女性から見てもそう思うってことは、今までとは違う方面からの新しいファン層を開拓できる可能性を秘めているってことですよね。

ファイトスタイルは……私とは全然違うからこそ、実は闘いたいって興味がある。めっちゃある！　少し自分のプロレス論になってしまうけど、同じスタイル同士よりも、ファイトスタイルが違えば違うほど、噛み合ったときにうねり出すものが大きいっていうか、私自身、そっちのほうが闘いがいがある。今、スターダムで一番、乗りに乗っている選手だと思っているから、もっと乗ってください。そこを一気に狙うのって面白そうじゃないですか？

私も今、乗りに乗っていますから。そうだな……ジュリアさんのことを好きで好きでたまらないうちにやりたいですね。ジュリアさんのことをさん付けではなく呼び捨てにして、丁寧な言葉づかいをしなくなったときこそ〝そのとき〟なんじゃないの？

と、現時点でのスターダムの主要選手について書かせてもらいましたが、改めて見ると、個性的な人ばかりだよね～。そして、それぞれが自分なりの輝きを持っているんだなって、思った。

そして、数年後、この本に書かれた選手……とくにキッドやAZMの世代の選手が、どのように変わっているのかな？　書いていて気になったし、私が気軽に声をかけられないくらいにビッグになっていてほしい！　これから先、さらに選手が増えるやろうし、麻優自身も後輩選手が増えることは楽しみです（と、いっても、あまり慕われんだろうけど）。

この本を読んで、興味を持った選手がいたら、ぜひ会場で応援してください。

【特別対談3】

娘の活躍をどう思っている？
お母さんの本音を聞いてみた！

中央が岩谷麻優のお母さん。右側にいるのがファンにはお馴染みの前田氏。

ある日、フと「お母さんは今の私をどう思っているんだろう？」と考えた岩谷麻優。上京前にはいろいろとあっただけに当時のことを聞いてみたくなり、電話で直撃！　特別ゲスト（？）も参戦ですよ！

岩谷　もしもし？

母　いきなり、どうした？

岩谷　今、本を書いているんやけど、私の子どものころで印象的なことってある？

母　子どものころのこと？　ああ、よく学校に呼び出されたけん。最初は小学校1年の1学期の最終日に1学期の間、宿題を1回もやっていないことが発覚して……。あんた、机の横に掛けていた手提げ袋の中に全部、プリントを隠してたんやで？

岩谷　（苦笑しながら）覚えとらん……。

母　中学校になると……（自粛）で呼び出され、4ヶ月しか通っていない高校でも……（再自粛）で呼び出されて、マユよりもお母さんの方が学校に行く回数が多かったけん！

岩谷　（爆笑）その節は迷惑をかけました、ごめんなさい！　でね、もうひとつ、聞きたいのが私の引きこもり期間だけど……。

母　あの時は……引きこもる言うても家の中では会って、会話はしてたし……。なによりも外に出ないで大人しくなってたのは安心してたけん（笑）。でも、その後、いきなり、「女子プロレスラーになる！」やろ？　なにアホなこと言うてんやって思った（笑）。

岩谷　すっごく反対したもんね……。

母　あれは……東京へ行くってのを反対したのよ。たとえば福岡でやるとか、そういうことだったら話は違ってたかも。だって、お母さんもプロレス、好きやったもん。ビューティ・ペアとか……。

岩谷　え？　そうなん？　初めて聞きよったわ！

母　だから私が知ってる会社（団体）だったら反対せんかったかも。

岩谷　今はどう思ってるの？

母　ここまできたら「半端なままで終わんなよ！」って思ってるよ。チャンピオンかもしれんけど、それはスターダムの中だけでのことであって、女子プロレス界全体ではどうなん？

岩谷　厳し～（笑）。

母　週プロの表紙になったけど、嬉しい反面、まだまだやろって。あ、そうだ、週プロで思い出したけど、あんたの本では写真、間違えんといてよ！　あと、一度はマユの試合を後楽園ホールで見てみたいわ～。

岩谷　それは前田さんと一緒にか？（笑）

母　あ～、今、一緒やけん。代わるわ。

岩谷　へ？　は？

前田氏　もしもし、麻優ちゃん、元気？

岩谷　元気ですけど……これ、本に載りますよ？　あと、前田さんの写真も載ります！

前田氏　え～？　俺、出演料、高いよ？

母　私も高いで？

母&前田氏　（冗談やけん（爆笑）

岩谷　もぉ～、なんなん、この対談……（苦笑）

母　でも、やっぱり、ケガだけは心配やけんね。身体だけは気をつけてがんばりなさい。

岩谷　ありがとう！　なかなか帰れなくて申しわけないけど、また試合見にきてね！　もっとがんばるから期待しといて！

エピローグ　２０２０年の岩谷麻優

東京ドーム、4万人の大観衆の前で

当初、この本は2019年の秋ごろから年末にかけて発売できたらいいな〜という感じで進めてきました。だけど、スターダムは2019年の夏の終わりから「ありすぎやけん！」ってほどに、いろいろなことが起こって。本来、この章は「おわりに」的なことを書いてくださいと編集さんに言われていたのですが、とくにいろいろなことが凝縮していた2020年の年初からこの本が出るまでのことを書きます。

スターダムって、基本的に年始は1月2日か3日から試合があるんですね。2020年も1月2日から試合がありました。年末の試合で激戦を繰り広げた花月が正式に引退表明をしたこともあって、少し複雑な気分でのスタートになりました。しかも、1月3日の試合では鹿島沙希に裏切られるという……。めちゃくちゃ落ち込みましたよ。正直なところ、大会直後は人間不信がヤバくて、ちょっと前の私だったら確実に立ち直れないっていうか、試合どころじゃなかったかもしれません。

ただ、今回はそこで堕ちたり、立ち止まってる場合じゃなかったんですよ。

そう、翌日に新日本プロレスさんの東京ドーム大会『バンドリ！ Presents WRESTLE

KINGDOM 14 in 東京ドーム』への出場が決まっていたからです。

東京ドーム……まさか、自分がこの会場で試合をするとは思っていなかったです。だって引きこもりだった私が4万人のお客さんの前で試合をするんですよ？　信じられますか？　10年前……いや、それどころか1、2年前の自分に言っても信じてもらえないでしょう。

もちろん、スターダムを、そして岩谷麻優をアピールする最高のチャンスだって思ったけど、実感が湧かないというか。プロレスファンの間では〝イッテンヨン〟でおなじみの大会に、まさか自分が出場するなんて……。そんな信じられない気持ちの中で当日を迎えました。昼にスターダムの大会で試合をして、急いでドームに向かって……このときの気持ち、どうだったんやろ？　あまり覚えていないってことは緊張してたんだな、きっと。後で「ＭＳＧの4倍くらい緊張した」ってコメントを出してますけど、いまとなってはなぜ4倍だったのか？　ようわからんけど、とにかく、それほど緊張したってことです。

スターダムの提供試合は3試合ある「第0試合」のうちの1試合目でした。

対戦相手の木村花・ジュリア組の入場が終わって、パートナーのありさちゃんと一緒に入場して。このときはもう緊張より「楽しもう！」っていう気分になっていて、ありさちゃんに「2人なら大丈夫。絶対いけるから。楽しんだもん勝ちだよ！」って声をかけて試合に臨めたんです。

そして、リングに上がったら……その瞬間、いままで受けたことのない〝圧〟のようなものを感じました。これが4万人のお客さんの視線なんだなぁ〜、4万人のプロレスファンのパワーなんだなぁ〜って。緊張もあったけど、心地よかった！

そして、やっぱりドームって広いなぁ〜って思ったのが、フィニッシュにムーンサルトプレスを出すためにコーナーポストに上ったときのことです。

「行くぞー！」ってアピールしたんですけど、たとえば後楽園ホールだと、ここでお客さんからの「行けー！」とか声援が聞こえるんです。だけど、東京ドームは聞こえなかったんです！

一瞬、「もしかしたら私たちの試合、盛り上がってないの？」って焦りました。だけど、自分の感覚とはワンテンポ遅れて地響きのような歓声が聞こえてきたんです。東京ドーム級の大きな会場になると、声援が伝わるのに〝時差〟が発生するんや〜って。MSGとは違う大会場の感覚を実感しました。そして、コーナーから飛んだとき、いつまでも近付かない天井に「あ〜、ドームで試合してるんだ」みたいな気分になって、気持ち良かったです！

いまのスターダムのベストを見せられた

いま改めて東京ドームのリングを振り返ってみると、正直なことをいえば最初は不安も大きかったんですよ。〝イッテンヨン〟ってファンの方にとって特別な日じゃないですか？　そこ

新日本プロレスの東京ドーム大会に女子レスラーが上がるのは18年ぶりの快挙。選抜された岩谷麻優、星輝ありさ、木村花、ジュリアの4人はスターダムのプロレスを観衆に魅せつけた。（写真提供：スターダム）

で女子プロレスラーである私たちが試合をするんです。多くのお客さんが「新日本プロレスで女子の試合かよ！」、「女子プロレスって、どうなんだ？」って思ってるんだろうなと感じていたんです。

麻優もファンだったからわかりますけど、男子のリングに女子なんか上がってほしくないって思いますよ、やっぱり。だったら、そこで何を見せるべきなのか？　そう考えたら答えは一つで。スターダムの提供試合なんだから〝いまのスターダムのベスト〟を見せるべきなんじゃないかって。もちろん、プレッシャーは大きかったですよ。それにアウェイな空気になると思っていたから……入場したときにお客さんの声援が聞こえてきて、盛り上がっているのがわかって、一気にテンションが上がって、そこからは、やっぱり楽しかったです。攻めても、やられても、この瞬間が終わってほしくなかった。

第0試合だったので入場はベンチからでしたけど……次回はあのバックネット側から、豪華な入場ゲートを通って入場したいですよ！　これって夢ですよ。そう、私の中では〝夢〟になりました。1、2年前、いや、数ヶ月前まではスターダムでドーム大会をやるなんて、夢の夢の夢どころか、夢の夢の夢の夢の……また夢って、夢を50個くらい書いても叶わないって思ってた。だって、旗揚げしたときに「2年持てばいいよね」って言われていた団体ですよ。だけど……今のスターダムだったら東京ドーム大会も〝夢〟と言えるまで近付いているんじゃないかな？　だから、私の中では〝夢〟になったんです。今の私たちだったら実現できるだろうし、だからこそ、女子プロレスのアイコンになってやろうって決意ができた体験でした。

念願の女子プロレス大賞を受賞！

ここまで自信を持てるようになったのは……やっぱり、私の中で何かが変わったのかな？　そのきっかけの一つに東京スポーツ新聞社制定『２０１９年度プロレス大賞』の女子プロレス大賞を初受賞できたことがあります。

受賞が発表されたのは２０１９年12月10日のこと。記者の方たちによる投票日は、たむちゃんと２人で行ったアメリカ遠征からの帰国日だったんです。

この時点で私自身、正直なところ、受賞はよくて五分五分だと思っていました。たしかに２０１９年は年始はいい感じでしたよね。ＲＯＨの女子のベルトを取って、ＭＳＧにも出場して。だけど、中盤は何もなくて。印象って新しいほうが有利じゃないですか。下半期の活躍のほうが記憶に新しいでしょうし。11月に赤いベルトを奪還したから少しは取り返せたと思ったけど……印象的に五分五分というのが正直なところでした。

だから、日本に着いたら結果がわかるけど……期待はできないよね～って自分に言い聞かせていたほどです。それで、飛行機が離陸して機内モードでネットを見られるようになったので、スマホをオンにしたら、やたらとＬＩＮＥとかの通知が届いていて、その中に小川さんからのメッセージもあって。こう書かれていました。

「プロレス大賞の女子プロレス大賞を受賞しました。おめでとう！　帰国後に取材の連絡を入れます」

えっっっっ！　そんな感じで機内で驚きました。さらに、帰国してそのまま東スポさんの本社に行って取材があるとのこと。もっと驚きました。それで、たむちゃんが後ろの席だったので報告したら、自分のことのように喜んでくれて。

しかし！　嬉しさの反面、そこからは慌ただしくて大変でした。帰国後、空港までスタッフさんが迎えにきてくださっていたので、そのまま成田から東スポさんに連行です。直行っていうよりも、到着→すぐに「岩谷さん、こっちでーす！」みたいに車に案内されたから、連行ですよ（笑）。

取材で撮影もあるとのことでしたけど、遠征（試合）だったからスーツケースにコスチュームやベルトはあるので画的には問題はなし。だけど、何時間も飛行機に乗っていたから髪の毛はボサボサだし、お肌も乾燥がちだし（苦笑）。それでも、取材をしていただき、お祝いの言葉もいただいて嬉しかったですよ。

うん、嬉しかった。だけど、心のどこかで「私でいいの？」って言葉も響いていた。よく私、エゴサをするんですけど……やっぱり、アンチの声も少なくなくて。わかっているんです、私自身が受賞できないかもと思っていたってことは、第三者はそれ以上に思ってるんやなって。だけど、飛び込んでくる言葉を目の当たりにすると……落ち込むし、悲しくなるし。

でも、その反面、喜んでくださる人たちもたくさんいて。まず、スターダムの関係者のみんな。そして、何よりも応援してくださっているファンのみなさんの祝福の言葉が、すごいパワーをくれたんです。ここでウダウダしてるワケにいかん！　もう昔の岩谷麻優じゃないから、ここはみなさんに素直な気持ちを伝えようって。だから、こんなツイートをしたんですよ。

「いろんな意見がある事は真摯に受け止めます。でも麻優を信じてずっと応援してきてくれたファンの事は絶対に裏切らんし、頑張って行きます。うまく表現できんけど、自分はプロレスラーなのでリングで全て表現していきます！　24日、後楽園、観にきてもらえたら必ずスターダム最高峰の戦い、魅せます！」

思えば、私はデビューしてから本当にポンコツで、何度も辞めようと思って逃げたし、そんな態度に先輩から何度も辞めさせられそうにもなりました。だけど、今もリングに立っているのは応援してくださる方がいるからであって。

私、ファンの方にすごく大切にされていると思うんですよ。昔、私が体調不良で当日になって試合の欠場を発表したことがありました。当日発表ですから、私が出場すると思って会場に足を運ばれたファンの方もいました。だから、風香さんが売店にきた私のファンの方たちに「今日は麻優がご迷惑かけてすみません」って謝ろうと思ったんですって。そうしたら、ファンの方から風香さんに「麻優が迷惑をかけて申しわけありません」って言ってくださったそうで……。

後で風香さんに聞かされて涙が出た。岩谷麻優には、こんなに想ってくださるファンの方がいるんだって思うと誇りに思えた。風香さんにも「麻優ちゃんはこんなに愛されているんだね。素晴らしいことだよ」って言葉をいただいて……ファンの方からの励ましの言葉のすべてがパワーになるんです、プロレスラーは。だから、正々堂々と受賞しなきゃファンの方を裏切ることになるって思って、1月16日の授賞式は晴れやかな気持ちで出席できたんです。

晴れの授賞式と安定（？）のコメント

さて、授賞式ですが……おかげさまで着物姿をほめていただき嬉しかったです。「麻優にも

東京スポーツ新聞社制定のプロレス大賞授賞式にて。モノクロでわかりにくいが晴れ着もやはりスカイブルー。念願の女子プロレス大賞受賞に笑顔が弾ける（提供：スターダム）

こんな一面があるんや〜」って。いつまでも着ていたかった！　あと、出席者が多過ぎて……予想以上の人数に圧倒されて受賞コメントが飛びました。この本で試合後のマイクアピールは何を言うか考えずに、その場の雰囲気で……と書いています。だけど、授賞式となったら話は別です。シッカリと考えなきゃいけない。そう思っていたんですけどね……飛びました（笑）。

「わぁ〜、人多過ぎて何言うか飛んじゃった（笑）。みなさん、こんばんはー！　すみません、自分、『こんばんは』って言うのがキマリの挨拶なんですけど（笑）。スターダムの一期生、アイコンの岩谷麻優です。今回、このような素晴らしい賞を受賞できて、本当に嬉しく思います。スターダム一期生でデビューしたんですけど、本当にダメダメで。自分なんか本当にぼろ雑巾のように扱われて、何回もプロレスを辞めたいと思って、逃げ出したりとか、先輩からは『アイツ、早く辞めさせろ』とか言われるくらい、本当に落ちこぼれなレスラーでした。でも、ここまで成長できたのは本当にスターダムの小川さんのおかげです。本当に小川さん、ありがとうございます。自分を見捨てないでくれてありがとうございます。本当に来年……今年か（笑）。今年はこの賞に負けないくらい活躍をしていきたいと思います」

（壇上でのコメント抜粋）

改めて文字になった受賞コメントを見ると、もう、岩谷麻優クオリティですね……。ポンコツ過ぎるわ～。ただ、事前に考えていた言葉が飛んだ分、これは私の本音ですし、小川さんの顔を見ちゃうと……9年間がいろいろと……。あかん、少し泣きそうになる。

そりゃあ、10年も一緒にいれば、何度か「このクソジジイ！」って思ったこともありますよ（本当に数回だけやけど）。だけど、やっぱり凄すぎて敵わないし、私の父親代わりでもあるから。上京したてのころからいろいろ助けていただいて。その都度、「出世払いね！」って言ってもらってきたけど、今回の受賞で多少は返せたのかな？

スターダムの、いや、女子プロレスのアイコンとして、今回の1回だけではなく、この先、現役中に何度も、何度でも狙いますよ！

花月の引退に思うこと

その授賞式からほどなくして花月のスターダム所属ラスト試合（1月26日）がありました。引退前の、スターダムの選手として最後に花月が選んだのは私とタッグを組むことだった。そのときの気持ちは、楽しかったし、寂しかったし……。

イオさんが渡米してから2020年1月までの間のスターダムは間違いなく、花月と岩谷麻優が引っ張ってきた。そんな自覚があるから、花月がいなくなってからは私が引っ張らないと……。そんな気持ちがありました。そして、2月15日にフリーとして参戦して全員掛けで1分間だけ闘ったけど、私の中では年末の赤いベルトを賭けた一戦でピリオドが打たれていたから、感傷的なものはなかった。笑顔で送り出せればOK！　そういう気持ちでした。

だから、2月に大阪で開催された花月の引退興行は行かなかった。都内で所用があったということもあったけど、私たちだからこそわかりあっているところもあるし……それと、やっぱりセレモニーとかを見てしまうと、なんだろう？　花月の引退を認めちゃうっていうか、そういう寂しさを感じるのがイヤだったことも……心のどこかにある。

花月さんの引退ロードを間近で見たり。これまでにも何人もの選手の引退セレモニーに立ち合って、そのたびに「麻優が引退するときは……」という考えが頭の中によぎりますよ、やっぱり。

それで岩谷麻優が引退するときですが……まぁ、寿引退は、しばらくないやろ（笑）。やっぱり、多くの選手が言うように、納得できる動きができなくなったら決断するのかな？　技ができなくなる、ではなく、いろいろな動きにおいて「あれ？」って思うようになったら引退を考えると思います。とくにブリッジが納得いかなくなったら、という感じかな。それで引退後は……可能な限りスターダムに関わりたいですね。ただ、あまり表には立ちたくないので、

花月のスターダム所属最終戦では、初のタッグを結成。２人のスターダムにおける歴史を感じる、特別な時間が流れた。（提供：スターダム）

コーチ的なこととかで関わりたいな。ま、あくまでもいまの希望やし、まだまだがんばりますよ！　だって、まだまだ女子プロレス大賞を狙いますから！

配信を通じて世界とつながる

小川さんへの恩返しは、同時にブシロードという会社への恩返しでもあると思っています。ブシロード傘下になったことで、それまでの私たちにはできなかった判断ができるようになったことは大きいです。

たとえば、全世界を襲った新型コロナウイルスの感染拡大防止のために、スターダムは2020年2月にプロレス団体としていち早く大会の中止を発表しました。

以前の私たちだったら、どうしていたか？　もちろん、社会の流れを考えて行動をするでしょうけど、逆に大会を開催していたかもしれない。それは、プロレスを届けたいという純粋な気持ちがあるからです。それでも、何かが起こってからでは遅いわけで。だから、この件に関する会社の判断は正しいと思っていますよ、今でも。

そんな中、3月8日の後楽園ホール大会は無観客で開催してネット配信をしました。お客さんの前で試合ができないことは、めっちゃ残念ですよ！　でも、貴重な体験はできました。

だって、後楽園ホールで無観客試合って、初の試みですよね？　しかも階段落ち（女子最長記録という噂もあります）をしたり、場外へのランニングスリーをしたり、お客さんがいないからこその攻防ができたと思います。さらにネットで全世界へスターダムを生中継で発信できた意義は大きいですよ！　そこに導いてくれたスタッフさんには感謝です。

自粛期間に考えたこと

自粛期間に関しては最初は「この期間に身体のメンテナンスができるチャンスや！」と思いました。あとは、この本の書き直しができるって（笑）。

最初は春には事態が収束すると思ってたから、けっこう前向きでいられました。４月にはお客さんの前で試合ができると信じていたし、４月29日に予定されていた大田区総合体育館大会に向けてモチベーションを保っていられたけど……。

５月になっても自粛期間が続いて、時間だけが過ぎていって……。試合ができないことはもちろんやけど、外出はできないし、道場も閉鎖されていてトレーニングも思うようにできない……気持ちが日々萎えていきました。３月に無観客試合とシンデレラトーナメントの２試合があったけど、「みんなに忘れられるんじゃないか？」なんて、けっこうマイナス思考状態でしたね。

さらに5月には、まず、ありさちゃんが引退を発表して。これに関しては本人が「辞めたい」というのだから、私は止められなかったな。体調のことで苦しんでいるのを知っていたし。1月4日にドームで組んだのは……うん、最後の良い思い出だよ。

そして、5月23日に木村花……もう、花ちゃんって書いていいよね。花ちゃんが旅立って。結果的に3月24日のシンデレラトーナメントの1回戦で対戦したのが最後になっちゃった。まぁ、その前からいろいろと挑発されていて、麻優も「やってやる！」って思ってたときやけん。あの試合、コーナーの上で卍固めを仕掛けてきたでしょ？ 「岩谷麻優に勝ってやる！」っていう花ちゃんの気迫や「このトーナメントで岩谷麻優を目立たせるもんか！ オマエには勝たせない！」っていう思いも伝わってきて……。結果は同体で落ちて両者失格の引き分けになったけど、当然、納得していなかった。花ちゃん、去り際に「もう1回！」ってアピールしたよね。麻優も同じ気持ちやったよ。だから、4月の大田区総合体育館大会でやるって決めていた。

だけど……いや、いつまでも立ち止まってられんから！ 麻優は進むよ！ 今ね、ご縁があって花ちゃんのパーソナルトレーニングを担当されていた水田吉優(よしまさ)さんの指導を受けている。花ちゃんのボディがバキバキだったことに「なるほどな～」って感心しつつ、カッコイイ身体になって世界中で暴れまわるよ！ だから、見てて！

そして、6月21日に大会を再開しましたが……正直なところ、試合勘は鈍りに鈍っていましたね、私自身は。あとは会場にものすごく独特な雰囲気が漂っていました。まず、ウイルスの感染拡大防止の観点からマスク着用で大声を出さないという観戦ルールがありましたが、これは当然のことです。その代わりにお客様は拍手で応援してくださったのですが、皆さんの視線は感じるのに声が聞こえてこないのが……今までに体感したことのない空気でしたね。

もうひとつ、試合をして感じたことがありました。それはSTARSのメンバーの成長です。実はありさちゃんが辞めた直後に、いろいろな人から「STARSは他のユニットに比べて戦力不足になりましたね」って言われたんです。正直、私もそう思ったよ、最初はね。だけど、実際に試合をしたら一緒に組んだキッド、飯田さん、そして、たむちゃんは素晴らしいなぁ～って。試合ができない間も、しっかりとプロレスのことを考えていたんだって実感できた。

STARSは充分にやっていけるじゃん！　本気で思ったから大会再開の夜に「まゆが居なくても絶対大丈夫」ってツイートしたんだ、素直な気持ちで。そうしたら、大騒ぎになりましたねぇ、私が引退や退団、ユニット離脱をするのではないかと。ネット上にいろいろな憶測が飛び交って、「辞めないでください」と電話してきた選手もいました。スタッフさんも「岩谷に何があったんだ?」と心配してくださったそうです。ただ一人、小川さんのみが「ま、麻優は辞めないだろうけど」って言ってきたけど（苦笑）。私の言葉が足りなかったことは事実、誤解を生んだことは申しわけなかったけど……。

いやはや、無敵ですよ、ＳＴＡＲＳは！　私自身は女子プロレス界のアイコンとして、まだまだやらなきゃいけないこともあるし、赤いベルトと一緒に世界で岩谷麻優、スターダムの名前を広めます！　だからこそ、そういう時にＳＴＡＲＳの皆に託せるって信頼が、あの発言になったんです。それが事実やけど、ファンの皆さん、心配かけて、ごめんなさい！

これからの岩谷麻優にも大注目

何度も書いてきたことですが、私は10年前まで引きこもりでした。

だけどプロレスに出会ったことで、いろいろな夢を叶えることができました。いや、夢にも思っていないことが目の前に現れたんです。

チャンピオンになったり、ＭＳＧで試合をしたり、東京ドームのリングに立ったり、そして、女子プロレス大賞を獲得したり……、諦めていたら絶対叶わなかったことです。それらはもちろん、周囲の助けがあったからできたことでもありますし、感謝しています。でも、一歩踏み出したのは自分の勇気だし、ときには逃げつつも自分なりの本気でやってみたから答えを出せたんじゃないかって。

たとえば、今、引きこもっているけど、何かのきっかけで岩谷麻優を知って、少しでも興味を持ってくださった方がいれば嬉しいです。そして、実際に会場まで足を運んでもらえたら、もっと嬉しいし、コッソリでかまわないんで「私、麻優さんの本を読んで……」と教えてくれたら超嬉しいですよ！　もちろん、人の人生を変えようだなんて大きなことは言えません。それでも、ほんの少しでいいから、「がんばる！」と思ってくださるような影響を与えられることができたら……そういう気持ちを伝えたくて、この本を書きました。

最後になりますが、この本を作るにあたって、表紙の写真を撮影してくださったカメラマンの大川さん。企画ページで撮影してくださったカメラマンの守屋さん。私の原稿をまとめてくださった構成の入江さん。この本を企画してくださった編集の権田さん。いろいろと協力して支えてくれたＳＴＡＲＳのみんな。私の父親といっても過言ではない小川さん。私たちに大きなチャンスをくださった原田社長。そして、何よりも最後まで読んで下さったみなさま、どうもありがとうございました。

最後まで楽しんでいただけたら麻優も嬉しいです！

それでは今度は会場で生の岩谷麻優を楽しんでください！

スターダムの一期生で女子プロレス界のアイコン、岩谷麻優でした！

あとがきにかえて

岩谷麻優の自伝が発売されると聞いて、「ついに麻優もその域に来たのか⁉」と感心した。たしかに、彼女のプロレス人生は波乱万丈で、人に伝えるには充分過ぎる内容がある。

とにかく生き方が破天荒だった。家出同然で上京してきたときのことはまるで昨日のようによ〜く覚えている。コンビニ袋を2つだけ持って東京駅で初対面。当時はスターダム旗揚げ前だったので、事務所も選手寮もなかった。その中で事実上の所属第一号として、私が面倒を見ることになり、都営新宿線の一之江にあった私のアパートで同居生活が始まったのだ。

たしか初めて会ったときは43キロしかなかったと思う。痩せ細った姿を見て「この子はプロレスラーにはなれないだろう」と直感した。それでもわざわざ上京してきたのだから、気が済むまでやればいいと思っていた。

練習場は新木場1stRINGと新小岩にあるシーザージムの2ヶ所。新木場の練習は私も毎回行っていた。アパートにいるときの麻優は大半の時間を部屋で過ごしていたように思う。部屋を真っ暗にして常に寝ていたのだ。だから話し込んだという記憶はほとんどない。まあ17

歳の麻優とは36歳も歳が離れていて話が合うことはないし、生きてきた年代が違い過ぎて、まるで宇宙人を相手にしているようなものだった。それでも一緒に近くにあった焼き鳥屋に頻繁に行ったりもした。私としては、まるで娘ができた感覚だった。きっと私は娘には何でも買い与えるダメな父親になるのだろう。麻優との生活は5ヶ月間続いたが、スターダム旗揚げ目前で新小岩にある一軒家を借りて事務所兼選手寮を構えた。

デビュー以来、約1年間シングルマッチ未勝利だった麻優だが、新人王決定トーナメントという絶好の機会がやって来た。同日、偶然にも全日本プロレスのファン感謝デーに愛川ゆず季の出場依頼が舞い込んだ。ゆずポンと武藤敬司のタッグ結成である。同時刻、新木場ではスターダムの定期戦、全日本プロレスは後楽園ホールで大会があった。

私はゆずポンを連れて後楽園に行き、終わり次第、新木場に戻って来る予定を立てた。麻優は一回戦で須佐えりとの対戦を決めたが、私はどうしても麻優が初勝利を飾るシーンが見たくて試合を後のほうに回していた。間に合えば麻優の初勝利が見られるかも、という期待を込めてだ。後楽園の試合順は第一試合だったから、高速を飛ばせば間に合う。

12時25分には後楽園を後にして、新木場に向かう。途中、何度か現場に確認を入れていたがギリギリ間に合う予定だった……新木場に車が着いたのが12時50分。車を降りた瞬間にけたたましいゴングが鳴った。急いで入口のドアを開けると、麻優が高々と手を挙げられていたのだ。

そう、間に合わなかった……初勝利こそ見られなかったが麻優のプロレスはここからアクセルが入っていった。

一時は寮を出て一人暮らしをしていた麻優だが、練習に出てこなかったりしたから強引に寮に引き戻したこともあった。やはり私の目が届く範囲で生活させないとロクなことがない。その後、3年近い歳月を麻優は寮で暮らした。そこには麻優だけではなく、猫のソラも同居していた。私はこれまで猫とは無縁の生活を送っていたから、ソラの存在は格別だった。麻優に内緒（?）で何度も「CIAOちゅ～る」を買い与えたものだ。麻優が寮から引っ越しする時期がきたとき、ソラと会えなくなることがいちばん辛かった。

地方に行っても麻優はいつも我々スタッフと行動を共にしていたし、一緒にいる時間も必然的に長かった。父親と娘のような関係だから、いつも一方通行だ。今でも麻優から「話がある」と連絡があると、いつもドキッとする。そんなときは決まって、プロレスを辞めたいとか、選手間で問題が発生したといった良くない話が多いからだ。

麻優は圧力とかプレッシャーが苦手なタイプだ。「今、選手間でこんな問題が出ている」と真っ先に伝えてくる。本来は麻優が一番キャリアがあるのだから、自分の意見を選手たちに伝え解決すべきなのだが、私にいつも同意を求めてくる。またときどき、突拍子のないことを言ってくる。「小川さんの老後は麻優が面倒見るから（笑）」とか、などなど。

〝残り物には福がある〟という言葉があるが、スターダムが旗揚げしてから一度もリタイアすることなく継続しているのは麻優だけ。居続けたからこそ、いろいろな運が舞い込んだのも事実だろう。私も昔、全女に入り10年後には最古参になってしまった経験がある。当時、20人近くいた先輩たちは次々に会社を辞めていったからだ。「プロレスが好きだ」という一心が支えてくれていたが、麻優もその心境に近いものがあったと察する。

もちろん、そこはただ残っただけではなく、時間をかけて才能が開花したと表現すべきだろう。赤と白のチャンピオンベルト、シンデレラ・トーナメント連覇、「5★STAR GP」優勝、スターダムアワードMVPといった団体内の栄光だけでなく、海外のベルト奪取にMSGや東京ドームへの出場、プロレス大賞の女子プロレス大賞受賞など次から次へとプロレス界における勲章をものにしていく。

私は麻優に〝スターダムのアイコン〟というキャッチフレーズを付けた。エースでもトップでもないアイコンである。「アイコン」＝「象徴」とでも感じてもらえればいい。岩谷麻優とロッシー小川という2つの存在こそがスターダムを体現していると勝手に想像する。この2つがなくなったときが、新生スターダムの始まりなのであろう。

２０２０年8月　ロッシー小川（スターダム創設者）

著者紹介
岩谷麻優（いわたに・まゆ）
1993年生まれ、山口県出身。身長163センチ、体重53キロ。
スターダムに1期生として入団。2011年1月23日の団体旗揚げ戦（新木場1stRING）でデビュー。当初は勝てない時期もあったが、高い身体能力と抜群のプロレスセンスで頭角を現し、2015、16年と「シンデレラ・トーナメント」を連覇。紫雷イオと組んだ「サンダーロック」では、ゴッデス王座V10を達成。17年にはワンダー・オブ・スターダム王座に続き、ワールド・オブ・スターダム王座を戴冠し、団体初の赤＆白ベルト同時王者となった。その活躍は国内にとどまらず、2019年には米国のプロレス団体ROHの女子王座を獲得。翌年に新日本プロレスのMSG大会で防衛戦を行った。2019年度の東京スポーツ新聞社制定「プロレス大賞女子プロレス大賞」受賞。得意技は、二段式ドラゴンスープレックスホールド、ムーンサルトプレス。

構成協力：入江孝幸
取材・制作協力：株式会社ブシロードファイト
ロッシー小川

引きこもりでポンコツだった私が
女子プロレスのアイコンになるまで

2020年9月23日　第1刷
2024年5月9日　第2刷

著　者　岩谷麻優

発行人　山田有司

発行所　株式会社　彩図社
東京都豊島区南大塚3-24-4
MTビル　〒170-0005
TEL：03-5985-8213　FAX：03-5985-8224

印刷所　シナノ印刷株式会社

URL https://www.saiz.co.jp　https://twitter.com/saiz_sha

© 2020.Mayu Iwatani Printed in Japan.
ISBN978-4-8013-0456-7 C0095
落丁・乱丁本は小社宛にお送りください。送料小社負担にて、お取り替えいたします。
定価はカバーに表示してあります。
本書の無断複写は著作権上での例外を除き、禁じられています。